Gerhard Buzzi

Begegne deinem Krafttier

Gerhard Buzzi

Begegne deinem Krafttier

Spirituelle Helfer, Beschützer und Heiler

Bibliografische Information der Deutschen Bibliothek

Die Deutsche Bibliothek verzeichnet diese Publikation
in der Deutschen Nationalbibliografie; detaillierte bibliografische Daten
sind im Internet unter http://dnb.ddb.de abrufbar.

Textredaktion: Vera Baschlakow
Fotos: Frank Hecker Naturfotografie
Umschlaggestaltung: Weiss / Zembsch / Partner: WerkstattMünchen,
unter Verwendung eines Motivs von Mauritius
Satz: Fotosatz Reinhard Amann, Aichstetten
Druck und Bindung: L.E.G.O. S.p.A., Vicenza
Printed in Italy

ISBN-10: 3-7205-2795-6
ISBN-13: 978-3-7205-2795-8

Inhalt

Einführung

Die Indianer sahen Tiere als göttliche Wesenheiten an, die an einem Ort existierten, an dem Raum und Zeit keine Rolle spielten.

Jedes von ihnen strahlte bestimmte Energien aus und vereinigte positive Eigenschaften in sich, nach denen der Mensch in seinem Leben streben sollte: Weisheit und Erhabenheit, Mitgefühl und Stärke, Freude und Güte.

Sie galten als Bewahrer des Wissens, Beschützer und Lehrer der Menschen. Schamanen und Medizinmänner riefen sie bei ihren Heilzeremonien um Hilfe an.

In den Schöpfungsmythen fast aller Kulturen wird berichtet, dass die Tiere vor uns auf der Welt waren. Als der Mensch dann diese Erde betrat, lebte er in Unschuld und Harmonie mit seinen tierischen Gefährten. Es wird berichtet, dass sie dieselbe Sprache sprachen und miteinander kommunizieren konnten. Diese Kunst verschwand aber leider im Laufe der Zeit.

Schamanen und Medizinmänner verfügen über die besondere Fähigkeit, einen Bewusstseinszustand herzustellen, in welchem sie durch Zeit und Raum reisen, um mit den Tiergeistern in Kontakt zu treten. Im indianischen Glauben sind Geister so real wie Lebewesen aus Fleisch und Blut.

Jedes Lebewesen, das einmal seinen Fuß auf die Erde gesetzt hat, existiert nach seinem Tod als geistige Kraft weiter. Wenn der Schamane in die Welt der Ahnen reist, werden diese Geisterwesen für ihn sichtbar. Dort spricht er mit ihnen und fragt sie um Rat. Sie stellen dem Menschen Aufgaben, die er in seinem Leben erfüllen muss. Wer nach den Gesetzen der Tiergeistwesen lebt und sie befolgt, nimmt teil am Kreislauf des universalen Lebens.

Man bezeichnet sie deshalb als Krafttiere, weil sie über spirituelle Fähigkeiten verfügen, die sie großzügig mit ihren menschlichen Gefährten teilen möchten.

Diese Fähigkeiten entspringen einem instinktiven Wissen und intuitiver Weisheit, denn anders als wir leben die Tiere in Einklang mit der göttlichen Schöpfung der Natur.

Aber sie sind nicht nur geistige Vorbilder, sondern können uns auch Wegweiser bei ganz praktischen Fragen sein.

In diesem Buch möchte ich Ihnen zeigen, wie Sie sich auf den Weg zu Ihrem persönlichen Krafttier begeben können, um sich mit ihm zu verbinden und seine spirituelle Energie für Ihr Leben fruchtbar zu machen.

Die segensreiche Wirkung der Krafttiere kann uns Trost und Unterstützung sein, wenn wir mutlos, ohne Energie und Lebensfreude sind.

Unsere Lebensgeister erwachen, wenn wir uns mit der Energie der Tier-Spirits verbinden.

Unsere Krafttiere bieten uns emotionalen und psychologischen Schutz in Krisenzeiten und geben uns Impulse, unsere Seele wachsen zu lassen, Probleme zu lösen und unser Leben aus einer anderen, neuen Perspektive zu betrachten.

Bevor wir nun unsere Reise zu den Krafttieren antreten, möchte ich Ihnen noch Folgendes in Erinnerung rufen:

Die Indianer lebten in Harmonie mit den kosmischen Kräften und der Welt der Natur, die sie umgab. Auf der Erde, die sie als ihre Mutter verehrten, existierten drei Völker, die älter als die Menschen waren: das Volk der Steine, das der Pflanzen und jenes der Tiere. Zuletzt betrat der Mensch den Planeten.

Deshalb sollten wir uns niemals als Krone der Schöpfung begreifen. Wir dürfen nicht vergessen, dass die Tiere und alle anderen Lebewesen in der Natur unsere spirituellen Geschwister sind. Wir müssen lernen, ihnen wieder mit Achtsamkeit und Respekt zu begegnen, um die Herzen und Seelen von Tier und Mensch wieder zusammenzuführen.

Wir müssen die Tiere als Mitbewohner unseres Planeten akzeptieren. Sie sind Kinder von Mutter Erde wie wir.

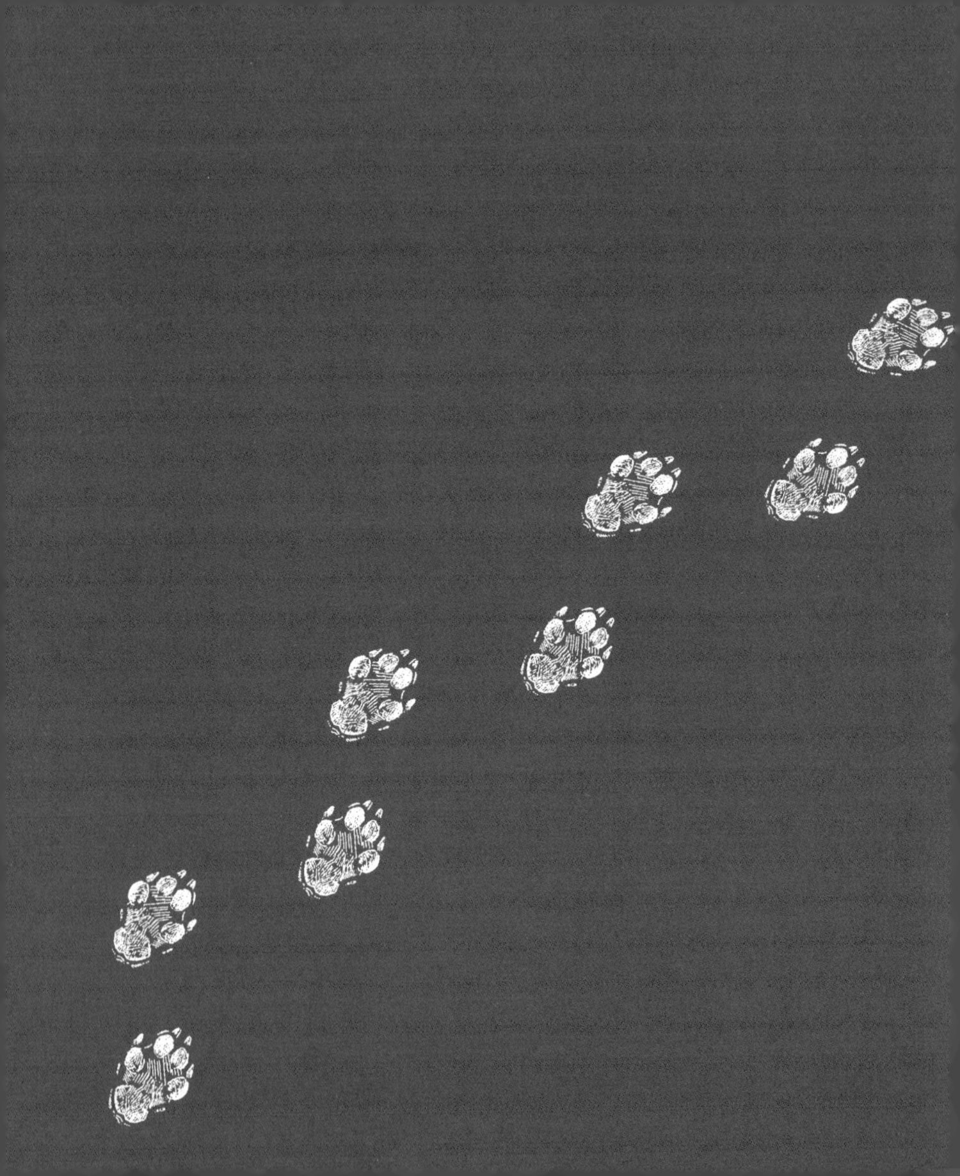

Seinem Krafttier begegnen

Vielleicht ergeht es Ihnen momentan wie mir in einer Phase meines Lebens. Es gab eine Zeit, wo ich das Geheimnis der Krafttiere um jeden Preis ergründen wollte. Ich strengte meinen Verstand an, um auf logische Weise den Tiergeistern auf die Spur zu kommen. Nach und nach musste ich erkennen, dass dies ein vergebliches Unterfangen war. Verstand und Logik eignen sich nicht als Werkzeuge für spirituelle Erfahrungen.

Schließlich gab ich auf und akzeptierte, dass es Dinge zwischen Himmel und Erde gibt, die einfach existieren und keiner Erklärung bedürfen.

Ein befreundeter Indianer sagte mir einmal: »Entlocke dem Leben nicht jedes Geheimnis. Die tiefsten Geheimnisse kennt nur der Schöpfer, denn er hat sie erschaffen. Wir Menschen können nur zu ihm beten und ihn bitten, uns an seinen großartigen Dingen teilhaben zu lassen. Wir dürfen nicht vergessen, dass wir nur winzige Sandkörner im Getriebe des universellen Lebens sind.«

In diesem Buch werde ich Ihnen verschiedene Möglichkeiten aufzeigen, wie Sie mit Ihrem Krafttier in Kontakt treten können. Es liegt ganz allein in Ihrer Entscheidung, welchen dieser Wege Sie beschreiten und ob Sie ihn zu Ende gehen.

Wir scheinen heutzutage die Fähigkeit verloren zu haben, zu den Tieren eine innige, spirituelle Verbindung aufzubauen, obwohl sie unser Unterbewusstsein bevölkern und sich in unseren Träumen, Vorstellungen und Fantasien tummeln.

Aber wir sollten versuchen, diese Gabe wieder zu erlernen. Denn wenn wir unserem Krafttier nicht begegnen, ist unser Leben einer sehr wertvollen Dimension beraubt.

Erst mit dem Wissen, dass unser Krafttier existiert, spüren wir bewusst unsere spirituellen Kräfte.

Wer sein Krafttier kennen lernen will, muss bereit sein, das Leben aus einem anderen Blickwinkel zu betrachten.

Ich verspreche Ihnen, dass dies ein spannender Weg ist, wenn Sie sich auf dieses Abenteuer einlassen, bei dem ich Sie ein Stück begleiten werde.

So unterstützen uns Krafttiere

Der positive Einfluss der Krafttiere auf unser Leben ist von unschätzbarem Wert und schier unerschöpflich.

- *Krafttiere verkörpern spirituelle Energie in Tiergestalt und sind Teil unserer animalischen Natur.*
- *Sie verfügen über bestimmte Fähigkeiten und Stärken, die denen der Menschen und ihren charakterlichen Eigenschaften entsprechen.*
- *Sie wecken und stärken unsere spirituellen Kräfte und dienen uns als Medium, durch das wir mit höheren Mächten kommunizieren können.*

- *Wenn es uns glückt, eine Freundschaft zu ihnen aufzubauen, werden sie uns helfen, schwierige Situationen zu meistern, unsere Fähigkeiten sinnvoll einzusetzen und Seele und Verstand in ein harmonisches Gleichgewicht zu bringen.*
- *Darüber hinaus warnen sie uns vor Gefahren und sind Propheten bevorstehender Ereignisse.*
- *Sie helfen uns auch, physischen Krankheiten entgegen zu wirken und seelische Verletzungen zu heilen.*
- *Krafttiere steuern unsere Träume und erklären uns deren Bedeutung.*
- *Nicht zuletzt machen sie uns auf verborgene Talente aufmerksam und leiten uns zu einem sinnerfüllten Leben.*

Krafttiere sind Ausdruck unserer persönlichen Lebensenergie und somit Teil unseres Selbst.

Vom Krafttier träumen

Sind Sie nun bereit, mit Ihrem Krafttier in Kontakt zu treten? Ich rate Ihnen, beim ersten Mal etwas Geduld mitzubringen. Die Welt ist schließlich auch nicht an einem Tag erschaffen worden!

Wenn Sie von Natur aus zur Ungeduld neigen und es findet keine Begegnung statt, kann dies ein Wink Ihres Krafttiers sein, sich dieser Schwäche bewusst zu werden.

Da Krafttiere untrennbar mit unserer Seele verbunden sind, gelingt die Kommunikation am leichtesten auf geistiger Ebene.

Für eine erste Kontaktaufnahme mit Ihrem Tiergeist empfehle ich Ihnen folgende einfache Übung, bei der Sie sich in einen entspannten Zustand versetzen. Dies kann durch Meditation, Schlaf, Trance oder bewusstes Atmen geschehen.

- Legen Sie sich auf Ihr Bett, schließen Sie die Augen und entspannen Sie sich.
- Atmen Sie gleichmäßig. Schalten Sie störende Gedanken aus.

- Wenn Sie einen Zustand vollkommener Ruhe, Stille und Frieden erreicht haben, sprechen Sie laut folgenden Satz: »Mein geliebtes Krafttier, erscheine mir bitte im Traum.«
- Vermeiden Sie es unbedingt, sich ein bestimmtes Tier vorzustellen. Dadurch könnte sich die Begegnung hinauszögern.
- Spüren Sie, wie Ihr Herz in diesem Moment von Güte, Wärme und Liebe erfüllt ist und die Sehnsucht nach Ihrem Krafttier wächst.
- Halten Sie diese Sehnsucht beim Einschlafen fest, demütig und nicht fordernd.
- Vertrauen Sie darauf, dass Ihr Krafttier ebenso sehr wie Sie darauf hofft, mit Ihnen in Kontakt zu treten. Es braucht Sie genauso wie Sie es brauchen.

Falls in dieser Nacht keine Begegnung stattfindet, verzagen Sie nicht. Haben Sie Geduld mit sich und Ihrem Tiergeist. Denken Sie daran: Was lange währt, wird endlich gut!

Es kann Wochen dauern, bis sich die spirituelle Kraft durch die Staubschichten des Vergessens gearbeitet hat und die Erinnerung an jene Zeiten wieder lebendig wird, als der Mensch noch in Einklang mit der Natur lebte.

Es kann ein anstrengendes Stück Arbeit sein, sich seinem Krafttier zu nähern, aber es lohnt sich. Geben Sie nicht auf! Ist Ihnen im Traum ein Krafttier begegnet, wird es von nun an öfter in Ihr Bewusstsein und in Ihre Erinnerung treten. Zeigen Sie dem Krafttier, dass Sie dankbar sind für Ihre erste Begegnung – Sie werden sehen, es wird bald wieder in Verbindung mit Ihnen treten.

Das Krafttier erflehen

Eine weitere Möglichkeit, mit seinem Krafttier in Verbindung zu treten, ist die Visionssuche.

Die Indianer praktizieren diese Technik, die bei ihnen *Hanblecheyapi* heißt, häufig.

Sie wird an heiligen Plätzen in der Natur abgehalten. Dort fastet und betet der Suchende normalerweise vier Tage und Nächte, um von *Wakan Tanka*, dem Großen Geist, eine Vision zu erflehen, in der sein Krafttier erscheint.

Es ist ein traditioneller Ritus, dessen wir uns auch in modernen Zeiten bedienen können, um unserem Tiergeistwesen zu begegnen.

Dabei ist es jedoch nicht notwendig, über einen Zeitraum von vier Tagen keine Flüssigkeit oder Nahrung zu uns zu nehmen.

Unsere Variante der Visionssuche dauert 24 Stunden. Wenn möglich, sollten Sie in dieser Zeit fasten. Kleine Rationen an Flüssigkeit sind natürlich erlaubt. Fasten und Wachen schärfen unsere Sinne und unsere spirituellen Kräfte gleiten dabei in eine andere Dimension.

Wichtig ist hierbei, dass Sie diese Zeit fern des Alltagstrubels, abgeschieden und allein zubringen. Suchen Sie sich dazu einen freien Platz in der Natur. Das kann in einem Wald, in einem Park oder im eigenen Garten sein. Hauptsache, der Ort ist ruhig und Sie sind ungestört.

Je nach Jahreszeit können Sie einen Schlafsack oder eine Decke mitnehmen, denn es bleibt Ihnen selbst überlassen, ob Sie Schlafpausen einlegen oder die ganze Zeit wach sind.

Sie bestimmen auch, ob Sie nackt oder bekleidet diese Zeit in der freien Natur verbringen.

Sind Sie bereit? Dann kann es losgehen:

– Geben Sie sich ganz der Magie des Ortes und der Elemente hin. Erspüren Sie mit jeder Faser Ihres Herzens und Ihrer Seele den Wind, die Sonne, den Morgentau und die Erde, während Sie Ihr persönliches Krafttier erflehen.

- Jetzt kann es passieren, dass sich Ihr Bewusstseinszustand durch das intensive Wachen verändert und Ihnen den Weg in die Welt der Geistwesen weist.
- Beobachten Sie Ihre nähere Umgebung sehr genau. In Baumkronen, vorbeiziehenden Wolken und Steinen können sich die Geistwesen in Form eines Tieres manifestieren.
- Richten Sie nun Ihre Aufmerksamkeit auf Ihr Herz und füllen Sie es mit Liebe. Es ist ein Mittler zwischen unserer vertrauten und der geheimnisvollen, fremden Welt, mit der Sie kommunizieren möchten. Die Geistwesen verstehen die Sprache Ihres Herzens. Beten Sie tief und konzentriert, um die Gefühle Ihres Herzens auszusenden. Die Geistwesen nehmen diese emotionalen Schwingungen auf und leiten sie weiter.
- Vielleicht kann folgendes Gebet Sie in Ihrer Suche unterstützen:

Gebet an das Krafttier

Mein geliebtes Krafttier, ich sitze hier
im Schoß von Mutter Erde, an diesem
Ort, wo die vier Winde zu Hause sind.
Ich habe lange mit mir gerungen,
dich anzurufen. Jetzt ist die Zeit gekommen.
Ich öffne mein Herz, um dir Einlass
zu gewähren, um dir meine Liebe
zu zeigen. Ich bitte dich, mein
Krafttier, zeige dich hier und heute,
lass uns gemeinsam dem Großen Geist
für die Quelle danken, aus der
wir beide entsprungen sind.
Mein Krafttier,
schon lange spüre ich dieses unstillbare
Verlangen, dich kennen zu lernen.
Begleite mich über die Pfade des Lebens,
lass mich teilhaben an deiner Güte
und Stärke, an deiner Klugheit,
Weisheit und Macht.
Ich werde dein Freund sein.

Die Tiergeister spüren unser aufrichtiges Bemühen. Sie hören unsere Gebete, die tief aus dem Herzen kommen.

Manchmal passiert es, dass das erflehte Krafttier nicht in einer Vision oder im Traum erscheint, sondern leibhaftig auftaucht. Der Tiergeist des Fuchses, Eichhörnchens oder des Rehs schickt sein Ebenbild in körperlicher Gestalt vorbei.

Falls mehrere Tiere während Ihrer Visionssuche Ihren Weg kreuzen sollten, richten Sie an jedes Tier ein Gebet, das tief aus Ihrem Herzen kommt. Nehmen Sie auf diese Weise inneren Kontakt zum jeweiligen Tier auf.

Stellen Sie ihm die Frage: »Bist du mein Krafttier? Willst du mein Freund und Beschützer sein?«

Falls das Tier Ihnen als Kraftgeistwesen bestimmt ist, wird es sich vielleicht ungewöhnlich verhalten, eine auffällige Bewegung machen oder ein Geräusch von sich geben. Es kann auch geschehen, dass es sich mehrmals zeigt oder nahe an Ihren Platz kommt. Diese Reaktion können Sie als positive Antwort auf Ihre Frage verstehen.

Bevor Sie Ihre Visionssuche abbrechen, bedanken Sie sich bei Ihrem Krafttier und den Tieren der Natur für ihr Erscheinen. Danken Sie den Spirits für die spirituelle Unterstützung und tragen Sie Ihr Krafttier im Herzen mit nach Hause, wo Sie die Arbeit mit Ihrem Hüter und Beschützer fortsetzen können.

Das Krafttier mit der Trommel rufen

Für die Indianer ist die Trommel ein spiritueller Gegenstand. Sie wird beim Tanzen und Singen geschlagen und bei Heilzeremonien eingesetzt. Im Glauben der Indianer pulsiert der Herzschlag von Mutter Erde im Rhythmus der Trommel.

Gleichzeitig vermag uns der Trommelschlag eine besondere Energie zu schenken und in einen veränderten Bewusstseinszustand zu versetzen, so dass wir in eine andere Wirklichkeit eintauchen können.

Ihr Krafttier liebt den Schlag der Trommel.

Natürlich müssen Sie sich Ihre Trommel nicht selbst bauen, sondern können sich dieses Instrument in einem alternativen Musikladen besorgen. Diese verfügen häufig über eine größere Auswahl von Schamanentrommeln. Das Aussehen sollte bei Ihrer Wahl keine Rolle spielen. Achten Sie jedoch darauf, dass der Klang der Trommel Ihr Herz anrührt.

Die Abendstunden sind ein besonders geeigneter Zeitpunkt, um Ihr Krafttier mit der Trommel zu rufen. In der Dämmerung und Dunkelheit hebt sich der Schleier zwischen der Welt der Menschen und jener der Geister, und die Energie fließt besser.

Die rhythmischen Klänge der Trommel tragen uns in eine Sphäre,
in der Zeit und Raum keine Rolle spielen.

Sind Sie bereit? Dann können Sie folgende Übung versuchen:

- Suchen Sie sich einen Raum, in dem Sie sich wohlfühlen.
- Löschen Sie das Licht. Zünden Sie eine Kerze und ein Räucherstäbchen an, bevor Sie es sich auf einem Kissen bequem machen. Sie können auch Räucherwerk oder duftende Kräuter verbrennen, um sich in einen entspannten Zustand zu versetzen.
- Nehmen Sie Ihre Trommel und halten Sie diese mit der bespannten Seite leicht an Ihre linke Brust, damit sie Ihren Herzschlag spüren kann.
- Entspannen Sie sich und fühlen Sie die Ruhe, die Ihren Körper durchströmt.
- Atmen Sie tief ein und halten Sie den Atem für zwei Sekunden an. Atmen Sie dann wieder durch die Nase aus. Konzentrieren Sie sich beim Einatmen auf Ihren Nabel. Beim Ausatmen richten Sie Ihre Aufmerksamkeit auf Ihr Herz.
- Spüren Sie die Liebe, die aus Ihrem Herzen kommt! Stellen Sie sich vor, sie wäre ein weißes, strahlendes Licht, das Ihre Trommel wie ein Schleier einhüllt. Sind Sie ein Mensch, den negative Emotionen quälen? Der von Ängsten, Hass, Neid oder Rachegefühlen geplagt wird? Vertrauen Sie diese Gefühle Ihrer Trommel an. Das

weiße, strahlende Licht wird sie gleichsam aufnehmen und Sie von ihnen befreien.

- Entfernen Sie nach 15 Minuten die Trommel von Ihrem Herzen.
- Beginnen Sie nun in einem gleichmäßigen Rhythmus zu trommeln. Schlagen Sie einen Takt, bei dem Sie sich wohlfühlen. Die Lautstärke sollte Ihnen angenehm und keinesfalls zu laut sein.
- Sie können die Augen beim Trommeln geschlossen halten oder mit leicht geöffneten Augen in die Flamme der Kerze schauen, so dass nur der gelbe Schein zu erkennen ist, die Umgebung aber leicht verschwommen erscheint.
- Öffnen Sie nun Ihr Herz und Ihre Sinne, um Bilder von Tieren aufzunehmen. Vielleicht sind es auch Tierlaute oder Gerüche, die Sie wahrnehmen.
- Lassen Sie die Bilder an sich vorüberziehen. Halten Sie nicht krampfhaft an einer Vorstellung fest, sondern bleiben Sie offen für den Strom von Bildern, der in Ihnen auftaucht. Oft sind es nur Schatten oder Ahnungen, wie das Flattern eines Flügels oder das Scharren eines Hufes.
- Nach einer Weile kann es passieren, dass sich ein Tier immer wieder bemerkbar macht und Ihnen nicht aus dem Sinn geht. Ihre Gedan-

ken wollen sich nicht von ihm lösen. Wenn diese Situation eintritt, richten Sie Ihre Konzentration auf dieses eine Tier.

- Bitten Sie das Tier in Ihr Zimmer. Lassen Sie sich von seiner magischen und kraftvollen Aura einhüllen. Spüren Sie nun die ganz besondere Energie des Tieres? Dann kann ich Sie von ganzem Herzen beglückwünschen! Vieles spricht dafür, dass Sie Ihr Krafttier gefunden haben.
- Halten Sie Ihr Krafttier fest, indem Sie die Trommel wie zu Beginn der Übung an Ihre Brust heben.
- Bitten Sie Ihren spirituellen Freund, dass er über die Trommel in Ihr Herz wandert. Stellen Sie sich vor, wie Sie ihm dort ein Nest einrichten. Spüren Sie, wie der Geist des Tieres Ihren Körper durchströmt.
- Beenden Sie die Übung, indem Sie sich liebevoll bei Ihrem Krafttier für sein Erscheinen bedanken. Verabreden Sie sich mit ihm für die nächste Trommelreise.

Mit dem Krafttier tanzen

Da Ihr Krafttier den heiligen Klang der Trommel und auch Bewegung liebt, können Sie auch über einen Tanz Kontakt zu ihm aufnehmen.

Der Tanz ist eine schöne Möglichkeit, der nicht durch den Verstand dominierten, animalischen Seite Ihrer Persönlichkeit Ausdruck zu verleihen. Er gibt Raum für tiefe innere Erfahrungen und gestattet es, sich mit dem Rhythmus der Natur zu verbinden. Die fließenden, sich ständig ändernden Bewegungen setzen Emotionen und Energie frei.

Erlauben Sie Ihrem Krafttier, Ihren Körper zu bewegen.

Folgende Übung kann Ihnen dabei helfen, Ihrem Krafttier durch einen Tanz zu begegnen:

- Suchen Sie sich einen ungestörten Platz, an dem Sie sich wohlfühlen. Sorgen Sie für eine angenehme Stimmung, indem Sie Räucherwerk und eine Kerze anzünden.

- Für den Tanz mit dem Krafttier benötigen Sie eine Rassel, die Sie kaufen oder selber bauen können. Das Herstellen einer Rassel ist weniger aufwändig als der Bau einer Trommel.
- Setzen Sie sich nun bequem auf den Boden. Halten Sie die Rassel an Ihre Brust, damit sie Ihren Herzschlag fühlen kann.
- Schließen Sie Ihre Augen. Atmen Sie tief in den Bauch ein. Halten Sie den Atem für zwei Sekunden an. Atmen Sie durch die Nase wieder aus. Konzentrieren Sie sich beim Einatmen auf Ihren Nabel, beim Ausatmen richten Sie Ihre Aufmerksamkeit auf Ihr Herz.
- Stellen Sie sich Folgendes vor: Die Liebe, die Ihrem Herzen entströmt, ist ein gleißendes, reines Licht, das die Rassel wie ein Schleier umhüllt. Konzentrieren Sie sich nun auf die Winde, die aus dem Osten, Süden, Westen und Norden kommen. Rufen Sie die vier Winde an und bitten Sie diese in Ihr Zimmer. Mit den Winden kommen auch die Tiere. Auf Lüften einschwebend, werden Sie den Weg in Ihr Herz und Ihre Rassel finden.
- Beginnen Sie nun in Höhe Ihres Herzens zu rasseln. Während Sie das monotone Klackern der Rassel in sich aufnehmen, visualisieren Sie die Tiere, die durch die Lüfte zu Ihnen schweben. Vor Ihrem geistigen Auge sehen Sie immer mehr Tiere, die den Weg in Ihr Zimmer

finden. Achten Sie darauf, welche Tiere aus welcher Himmelsrichtung kommen. Vergessen Sie dabei alles, was Sie darüber schon mal gelesen haben. Vögel kommen nicht nur aus dem Westen und Büffel aus dem Norden. Krafttiere wissen, aus welcher Windrichtung sie kommen müssen, um ihre Kräfte optimal einzusetzen. Sie lesen in den Seelen der Menschen wie in einem Buch, das ohne Worte geschrieben ist.

– Während Sie Ihre Rassel weiter in einem immer wiederkehrenden Rhythmus betätigen, stehen Sie langsam auf. Gehen Sie mehrmals im Kreis um die Kerze. Spüren Sie nun, wie eines der zahlreichen, anwesenden Tiere eine Verbindung zu Ihnen aufnimmt. Ihre Schritte werden schneller. Sie bewegen sich geschmeidig wie ein Raubtier. Vielleicht winden Sie Ihren Körper wie eine Schlange. Sie beginnen nun zu tanzen und ahmen dabei die Bewegungen des Tieres nach, dessen Geist Sie deutlich spüren können.
– Schämen Sie sich nicht. Bewerten Sie nichts. Lassen Sie alle Kontrolle fallen und Ihren Gefühlen freien Lauf. Es ist niemand da, der über Sie lachen könnte. Ich weiß, dass man sich die ersten Male albern vorkommen kann, aber damit hemmt man die eigene Energie.

– Der Tanz der Krafttiere kennt keine Regeln und keine Choreografie. Jeder Schritt, jede Bewegung und jeder Laut, der aus Ihrem Mund kommt, ist richtig. Es gibt bei diesem Tanz keine Regieanweisungen.
– Tanzen Sie, solange Sie Lust dazu verspüren. Springen Sie wie ein Reh, flattern Sie wie ein wunderschöner Schmetterling oder schreiten Sie erhaben wie ein Wolf durch das Zimmer. Krächzen und grunzen Sie, wenn Ihnen danach ist. Dieser Tanz ist mehr als eine Pantomime. Sie schlüpfen dabei in die Haut eines Tieres und fühlen seine Stärke und seinen Charakter. Es ist die animalische Urkraft, die einem Vulkan gleich aus den Tiefen Ihrer Seele an die Oberfläche gespült wird.
– Beenden Sie den Tanz und das Rasseln sanft. Lassen Sie Ihre Tierbewegungen und die Töne langsam ausklingen. Setzen Sie sich wieder an Ihren Platz. Halten Sie die Rassel an Ihr Herz und bedanken Sie sich liebevoll bei Ihrem Krafttier für den Tanz. Sagen Sie ihm, dass Sie sich auf ein Wiedersehen freuen.

Die Bedeutung der Krafttiere

Im Leben der Naturvölker spielten Tiere immer eine bedeutende Rolle. Sie lieferten Nahrung, Kleidung, Schmuck, Werkzeuge, Waffen und waren Transportmittel. Gleichzeitig kündigten sie Gefahren, Naturkatastrophen und Wetterumschwünge an.

In vielen ihrer Fähigkeiten sind Tiere dem Menschen überlegen. Es gibt Arten, die schneller laufen, besser schwimmen, sehen, hören oder riechen können, und einige Spezies können sogar fliegen.

Aber vor allem verkörpern sie eine spirituelle Energie in Tiergestalt.

Krafttiere sind Schutzgeist, Seelenbegleiter und spiritueller Freund.

Auch Sie haben ein Tier, das Sie beschützt und Ihnen Stärke, Energie und Weisheit schenkt. Als unsere Beschützer und Lehrer können Sie uns helfen, Probleme im Alltag zu lösen. Sie stehen uns in Lebenskrisen bei, vermitteln bei schwierigen zwischenmenschlichen Beziehungen und unterstützen uns, unsere Ziele zu erreichen. Ihr Krafttier kann Ihnen helfen, verloren gegangene Gegenstände zu finden und Sie im Straßenverkehr vor Unfällen bewahren.

Es begleitet Sie Ihr Leben lang, von der Geburt bis zum Tod.

Krafttiere verströmen eine geistige Energie, derer wir uns bedienen können, um das Beste aus unserem Leben zu machen.

Sie konnten bereits lernen, Ihr persönliches Krafttier zu finden und sich mit ihm zu verbinden. Nun kommen wir zu den Tieren selbst. Die folgende Liste ist nicht vollständig, denn die Mannigfaltigkeit der Natur ist beinahe unerschöpflich. Es sind aber all jene Tiere aufgeführt, die uns in Träumen oder schamanischen Reisen am häufigsten begegnen.

Jedes Tier hat eine eigene Bedeutung und Symbolik. Wenn Sie Ihrem persönlichen Krafttier begegnen, sollten Sie nicht vergessen, dass es Ihnen gleichsam einen Spiegel vor Augen hält, in dem Sie Ihren Charakter mit seinen Stärken, Schwächen und unentfalteten Potenzialen erkennen können.

Nicht jeder vermag sich in den einzelnen Charakteren der Tiere wiederzuerkennen. Dazu sind wir Menschen zu unterschiedlich. Bitte verstehen Sie deshalb die Deutungen nicht in der Weise, als würde es sich um fest geschriebene Gesetze handeln, sondern sehen Sie sie als Impulsgeber.

Wenn Sie sich mit Ihrem Krafttier verbinden und mit ihm arbeiten, werden Sie im Laufe der Zeit seine Sprache erlernen und seine wertvollen Botschaften entschlüsseln können. Unsere Erfahrung wird uns sensibler und aufgeschlossener für die Hilfe unserer spirituellen Freunde machen.

Vertrauen Sie darauf, dass Ihr Krafttier ein großes Interesse hat, mit Ihnen zu kommunizieren. Aber damit dieses Gespräch gelingt, so dass Sie Sinn und Erfüllung für Ihr Leben schöpfen können, müssen Sie eine Verbindung aufbauen, die von Respekt, Unterstützung, Vertrauen und Freundschaft geprägt ist.

Dies ist auch die Voraussetzung dafür, um in den nichtalltäglichen Bereich der Wirklichkeit reisen zu können, der außerhalb unseres normalen Bewusstseinszustandes existiert.

Mit einem Krafttier an Ihrer Seite werden Sie sich auf Ihrem Weg in die Welt des Geistes nicht verirren.

Im Gegensatz zu uns haben die Tiere die Verbindung zur Natur und zur göttlichen Schöpfung nie verloren. Sie allein wissen deshalb, wie wir dieses Band wieder erneuern können.

Der Adler

Der Adler ist ein mächtiges Krafttier, das der Sonne am nächsten kommt. Er ist ein virtuoser Künstler der Lüfte und erfasst mit seinen scharfen Augen Ihre Lebensenergie. Seine Schnelligkeit und Schönheit machen ihn zu einem der stolzesten und machtvollsten Vögel. Er lehrt Sie, Niederlagen als Erfahrungen zu akzeptieren und aus ihnen zu lernen. Seine Botschaft an Sie lautet, die Angst vor dem Unbekannten zu überwinden, um neue Horizonte zu erobern. Suchen Sie Ihre spirituellen Wege in höheren Sphären.

Er rät Ihnen auch, sich mit dem Element Luft auseinander zu setzen. Vielleicht haben Sie Probleme mit der Lunge, den Bronchien oder den Atemwegen.

Die Energie und Leichtigkeit des Adlers weckt Ihre versteckten Kräfte.

Die Ameise

Die Ameise ist ein winziges und zugleich starkes Tier, das ständig beschäftigt ist. Sie ist unermüdlich, fleißig und verfügt über einen ausgeprägten Gemeinschaftssinn.

Die Ameise will Sie lehren, Geduld mit sich zu haben. Ihre Botschaft lautet, dass die kleinen Schritte zum Erfolg führen. Nur kontinuierliche Arbeit bringt das gewünschte Resultat. Schließlich errichten die Ameisen ihren Hügel auch nicht an einem Tag, dazu sind Jahre nötig.

Vielleicht gelingt es Ihnen nicht, Ihre guten Vorsätze in die Tat umzusetzen. Wollen Sie mit dem Rauchen aufhören, abnehmen oder mehr Sport treiben? Die Ameise rät Ihnen: Geben Sie Ihrem Herzen einen Ruck, und packen Sie die Probleme an. Ebenso appelliert sie an Sie, Ihren Egoismus hinter sich zu lassen und mehr für das Allgemeinwohl zu arbeiten.

Der Bär

Der weit voraus blickende und gerechte Bär überwintert in der Höhle. Er zieht sich gern zurück, ist aber neugierig und beobachtet, was in seiner Umgebung passiert. Wenn der Bär Ihr Krafttier ist, beglückwünsche ich Sie – er ist ein Freund fürs Leben.

Der Bär will Sie lehren, ruhiger in Ihren Gedanken und Handlungen zu werden. Hören Sie weniger auf die Ratschläge anderer, damit Sie Ihre eigenen Ziele nicht aus den Augen verlieren. Sie fangen viele Dinge an, bringen jedoch nichts richtig zu Ende.

Ziehen Sie sich wie der Bär in Ihre Höhle zurück und schöpfen Sie Kraft aus dem Inneren Ihres Herzens. Dann wird es Ihnen auch in Zukunft leichter gelingen, Dinge nicht auf die lange Bank zu schieben.

Der Biber

Der fleißige Biber ist nicht nur dem Element Wasser perfekt angepasst, sondern versteht es auch exzellent, Dämme zu bauen.

Als Ihr Krafttier will der Biber Sie lehren, Ihre Ideen endlich in Taten umzusetzen. Zweifeln Sie oft an sich selbst, weil Sie Ihre Arbeit nicht schaffen? Ihr Krafttier rät Ihnen, die Hilfe anderer in Anspruch zu nehmen. Ihre Talente und Fähigkeiten greifen erst in der Gruppe.

Fühlen Sie sich ausgegrenzt und in die Ecke gedrängt? Verzagen Sie nicht. Der Biber hat für Sie vorgebaut. Ist eine Tür geschlossen, öffnet sich eine andere. Wenn Sie sich auf die Kraft des Bibers einlassen, werden Sie den richtigen Ausgang finden.

Der Büffel

Der selbstlose Büffel zählt bei den Indianern zu den heiligen Tieren. Als Krafttier lehrt er Sie, sich Ihrer spirituellen Kräfte bewusst zu werden. Er lässt Sie erkennen, dass Ihr Herz voller Güte und Ihre Seele voller Weisheit ist.

Der Büffel weist Ihnen den Weg zu Ihren spirituellen Energien. Sie verfügen über die Gabe, anderen Menschen zu helfen. Widmen Sie Ihre Zeit dem Gebet, um Kraft für Ihre verantwortungsvolle Bestimmung zu finden.

Der Büffel ist der Hüter Ihrer inneren kostbaren Gaben, die Sie noch nicht entdeckt haben. Es ist der Besitz an Erfahrung, Weisheit, Gesundheit und Harmonie, der Sie zu einem reichen Menschen macht. Dazu müssen Sie aber lernen, das Leben mit Dankbarkeit und Demut zu betrachten.

Der Elch

Der stattliche Elch symbolisiert die männliche Energie. Es ist aber keine zerstörende, sondern eine liebende Kraft.

Wenn der Elch Ihr Krafttier ist, möchte er Sie davor warnen, die Liebe eines Menschen erzwingen zu wollen. Sie dürfen andere nicht beherrschen, sondern sollten sie beschützen.

Die Kraft des Elches unterstützt Sie dabei, Prozesse neu in Gang zu setzen, niemals aufzugeben und immer nach einem Ausweg zu suchen. Der Elch lehrt Sie, sich Ihrer Potenziale bewusst zu werden, denn Ihr Platz ist in der vordersten Reihe. Ihre Mitmenschen warten auf Ihre wertvollen Ratschläge.

Der Elefant

Der gutmütige Elefant verkörpert Weisheit und gilt als Helfer in schwierigen Lebenssituationen. Als Ihr Krafttier rät Ihnen der Elefant, sich mehr um Ihre Mitmenschen zu kümmern. Laufen Sie nicht als Einsiedler durchs Leben. Da Sie nichts so schnell vergessen, sollten Sie Ihren Mitmenschen nicht sofort alles übel nehmen und ihnen auch verzeihen. Vergeben ist eine Gnade, die in Ihnen das Gefühl von Größe und innerer Zufriedenheit weckt. Hören Sie auf die Sprache Ihres Herzens und bringen Sie Ihr Gefühl und Ihren Verstand in Einklang: Schreiben Sie endlich einen überfälligen Brief oder greifen Sie zum Telefonhörer.

Die Eule

Die geheimnisvolle Eule ist die Herrscherin der Nacht. Sie gilt als Vogel der Weisheit und Begleiterin der Zauberer und Hexen. Sie lehrt Sie, die Botschaften der Geister zu hören, die Ihnen ihr verborgenes Wissen offenbaren. Wenn die Eule Ihr Krafttier ist, verfügen Sie über magische, hellsichtige und intuitive Fähigkeiten, die Sie sich bewusst machen sollten. Sie lassen sich nicht täuschen und blicken hinter die Fassade des äußeren Scheins.

Die Eule als Ihr Schutzgeist warnt Sie vor Gefahren. Möglicherweise führt jemand in Ihrer Umgebung Böses gegen Sie im Schilde. Fragen Sie die Eule nach dem wahren Grund ihres Besuches. Vielleicht will Sie Ihnen auch signalisieren, sich auf ein klares Ziel zu konzentrieren, um einen Weg aus der Sackgasse zu finden.

Der Falke

Der blitzschnelle Falke zeichnet sich durch großen Mut, sein exzellentes Sehvermögen und die Fähigkeit, in kürzester Zeit große Distanzen zu durchmessen, aus.

Wenn der Falke Ihr Krafttier ist, sind Sie ein scharfer Beobachter und verfügen über ein fulminantes Gedächtnis. Der Falke sagt Ihnen, dass Sie diese Gaben besser nutzen sollten. Allzu leicht lassen Sie sich ablenken. Richten Sie Ihre Konzentration auf Dinge, die in Ihrem Leben noch eine große Rolle spielen. Sie gehen jede neue Aufgabe mit Elan an, aber es mangelt Ihnen an Durchhaltevermögen. Dabei sollten Sie sich bewusst machen, dass Sie über Mut, Beharrlichkeit und Abenteuerlust verfügen. Lenken Sie diese Eigenschaften in die richtigen Bahnen, um größeren Nutzen aus Ihren Anstrengungen ziehen.

Der Fuchs

Der schlaue Fuchs verfügt über die Fähigkeit, sich vor seinen Feinden zu tarnen und unsichtbar zu machen. Er beschränkt sich in seinem Leben auf das Wesentliche und kümmert sich aufopfernd um seine Familie. Wahre Freunde können auf ihn zählen.

Als Krafttier lehrt er Sie, sich selbst besser zu beobachten. Achten Sie auf das, was Sie sagen. Sie plaudern gern, wenn Stillschweigen angebracht wäre. Seien Sie sorgfältiger in der Auswahl Ihrer Freunde, denn Sie haben die Neigung, sich leicht ausnutzen zu lassen. Machen Sie sich für eine Weile rar und Sie werden merken, wer Ihre wahren Freunde sind. Besinnen Sie sich auf Ihre Familie, in der Sie Frieden und Sicherheit finden. Lernen Sie, Vater, Mutter und Geschwister wieder zu schätzen und auf sie zu vertrauen.

Die Gans

Die Gans symbolisiert Wachsamkeit und schöpferische Kraft. Der liebliche Vogel mit seinen weißen Flaumenfedern kann Ihnen den Weg der Seele weisen, aber er lehrt Sie auch, sich dabei in Geduld zu üben. Träume realisieren sich nicht von heute auf morgen. Ihre Perfektion hindert Sie daran, Ihre Pläne in die Tat umzusetzen, denn Sie merken nicht, wie Ihnen die Zeit zwischen den Fingern zerrinnt und Sie sich in einem Labyrinth verstricken. Nehmen Sie das helle Licht der Gans auf, um sich vor negativen Energien zu schützen. Geben Sie Ihrer Kreativität die Freiheit, die sie benötigt. Sie müssen Ihr Glück nicht so hart erarbeiten. Die Kraft der Erneuerung liegt in Ihnen. Zapfen Sie diese Quelle an und öffnen Sie sich der Leichtigkeit des Seins, schwebend wie eine Feder.

Der Habicht

Der zupackende Habicht kommt direkt aus der Welt der Spirits. Er ist ein schneller Jäger, für den es keine Hindernisse gibt. Als Krafttier lehrt er Sie, sich nicht zu sehr von Ihrem Verstand hemmen zu lassen: Sie stellen vieles in Frage, wodurch Sie notwendige Entscheidungen herauszögern. Veränderungen sind Ihnen nicht geheuer. Aber Sie haben die Fähigkeit, neue Wege zu beschreiten. Werden Sie sich Ihrer Energie bewusst, denn Sie verfügen über Führungsqualitäten. Vertrauen Sie Ihren Kräften und nehmen Sie endlich die Dinge in Angriff, von denen Sie schon lange geträumt haben. Öffnen Sie sich den spirituellen Eigenschaften des Habichts. In Zukunft werden Hindernisse Ihnen nicht mehr den Blick auf das Wesentliche versperren.

Der Hase

Der flinke Hase ist ein Überlebenskünstler, obwohl er von Gefahren und Feinden umgeben ist. Dennoch nimmt er sich Zeit, entspannt nach Futter zu suchen. Er ist aufmerksam und sich seiner Schnelligkeit bewusst. Als Krafttier lehrt er Sie, die Welt nicht pessimistisch zu betrachten. Ihre Angst vor Katastrophen, Krankheiten und persönlichen Niederlagen ist völlig unbegründet.

Angst macht Sie zum Gefangenen in Ihrem eigenen Körper. Vertrauen Sie Ihren inneren Heilkräften und Ihrem Immunsystem. Wir leben in einer Gesellschaft, die von vielfältigen Ängsten geplagt ist, doch die spirituelle Energie des Hasen stärkt Sie, aufmerksam zu sein und erst dann zu reagieren, wenn wirklich Gefahr im Verzug ist.

Der Hirsch

Der Hirsch ist ein majestätisches Tier, das schnell, anmutig und ausdauernd durch die Wälder streift. Als Krafttier lehrt er Sie, Ihre sanfte Seite, Ihren Sinn für das Schöne und Ihre Kreativität zu entdecken. Übertreiben Sie häufig und schießen Sie über das Ziel hinaus? Der Hirsch zeigt Ihnen, wie Sie mit Ihren Kräften haushalten können: Teilen Sie sich Ihre Energie besser ein, um Stress und Krankheiten zu vermeiden. Finden Sie Ihr Tempo im Leben. Sie müssen nicht überall der erste sein. Wichtig ist, das Ziel zu erreichen.

Könnte es sein, dass Ihr Interesse an der körperlichen Liebe erloschen ist? Wecken Sie es wieder. Eine erfüllte Sexualität kann Sie wieder in die innere Balance bringen.

Der Kojote

Der Kojote ist ein Spaßvogel, Trickkünstler und weiser Clown, dessen Fröhlichkeit ansteckend ist. Als Krafttier lehrt er Sie, die Welt heiterer zu sehen.

Er rät Ihnen, den zwanghaften Ernst abzulegen, mit dem Sie Ihr Leben gestalten. Sie glauben, dass das Unheil der ganzen Welt auf Ihren Schultern lastet. Wie ein Trauerkloß tappen Sie in Fallen, ganz zur Schadenfreude Ihrer Mitmenschen.

Gestatten Sie sich, über sich selbst zu lachen. Nehmen Sie die Dinge nicht so ernst und schlagen Sie sich selbst ein Schnippchen. Wenn Sie ein Mensch sind, der sich leicht von anderen manipulieren lässt, wird der Kojote Sie warnen. Bitten Sie ihn um seine Kraft, und Sie werden Ihre Gegner mit ihren eigenen Mitteln schlagen. Ihre Lebensfreude wird erwachen, wenn Sie sich mit dem Geist des Kojoten verbinden.

Die Maus

Auch dieses unscheinbare und bescheidene Nagetier ist ein Krafttier, denn es verfügt über einen stark ausgeprägten Instinkt, Gefahren zu wittern.

Wenn die Maus Ihr Krafttier ist, haben Sie einen mächtigen Beschützer an Ihrer Seite. Sie lehrt Sie, sich auf das Wesentliche zu konzentrieren und die kleinen Dinge des Lebens zu achten. Es sind die kleinen Schritte, die Sie Ihrem Glück und Ihrer Zufriedenheit näher bringen. Wann haben Sie sich zum letzten Mal über ein kleines Geschenk, ein Lächeln oder freundliches Wort gefreut? Nichts in Ihrem Leben scheint Ihnen zu genügen. Schrauben Sie Ihre Ansprüche zurück und verschleudern Sie Ihre Kräfte nicht, sonst verlieren Sie den Blick fürs Wesentliche. Lernen Sie auch, mit Ihren Gefühlen besser hauszuhalten.

Der Otter

Erscheint Ihnen der Otter als Krafttier, ist dies ein sehr gutes Omen. Das possierliche Tier gilt als Inbegriff weiblicher Energie. Wenn Sie sich mit seiner Energie verbinden, werden Sie offen für alles Neue. Sie lernen, zu teilen und sind zu tiefer, hingebungsvoller Liebe fähig. Der Otter lehrt Sie, den Weg der Freiheit und des Friedens zu gehen und stets das Gute im Menschen zu sehen. Allerdings neigen Sie auch zur Eifersucht und zur Selbstaufgabe.

Erscheint der Otter einem Mann, kann dies ein Wink sein, dass Sie Ihren Gefühlen mehr Platz im Leben einräumen sollten.

Der Otter mahnt Sie auch, dass Luxusgüter allein nicht glücklich machen. Genießen Sie einmal den herrlichen Duft des Waldes oder erfreuen Sie sich an einem prächtigen Sonnenuntergang.

Das Pferd

Das Pferd symbolisiert bei den Indianern Reichtum und Macht. Als Krafttier lehrt es Sie, Geld und Einfluss nicht als Götzen anzubeten. Es zeigt Ihnen, dass das Leben ein Spiel ist, in dem Geld und Macht beliebig hin und her geschoben werden. Erdrücken Sie Menschen nicht mit Ihrer Macht, sonst kehrt sie sich gegen Sie.

Erst wenn Sie damit Gutes tun, wandelt sich der Reichtum in heilende Medizin. Das Pferd sagt Ihnen, dass Sie demütig und dankbar sein sollen. Achtung erlangen Sie durch mutige Taten und Handlungen. In Ihnen steckt das Herz eines Abenteurers. Hüten Sie sich vor falschem Ehrgeiz, der Sie in die oberflächliche Welt des Geldes und des rein Materiellen lockt.

Der Puma

Der Puma ist ein anmutiges, kluges, starkes und schnelles Tier. Wer den König der Wälder zum Krafttier hat, ist beschützt und behütet.

Sind Sie leicht gekränkt? Haben Sie das Gefühl, dass niemand Sie versteht? Ist die Melancholie Ihr ständiger Begleiter, so dass Sie sich von Ihren Mitmenschen zurückziehen? Der Puma rät Ihnen, sich nicht länger zum Außenseiter zu machen. Wenn Sie sich seiner Kraft öffnen, wird Ihr Selbstbewusstsein gestärkt und Sie gewinnen an Selbstvertrauen. Tief in Ihrer Seele schlummern unentdeckte magische Kräfte, die Ihnen in Tagträumen und Visionen erscheinen. Öffnen Sie Ihr Herz den Menschen, die Sie bewundern und mehr von Ihnen erfahren wollen.

Der Rabe

Der schwarze Rabe ist ein machtvolles Geisttierwesen, das manche Menschen fürchten. Ihm wird eine starke heilende Kraft zugeschrieben, die Schutz bietet und die Gabe der Prophezeiung verleiht. Der Rabe ist der einzige Vogel, der ins Jenseits fliegt und wieder zurückkehrt. Wenn er Ihr Krafttier ist, steckt diese Magie in Ihnen. Sie müssen Sie nur noch entdecken, indem Sie sich auf das Hier und Jetzt konzentrieren. Lassen Sie die Vergangenheit los und räumen Sie der Zukunft keine allzu übermächtige Rolle ein. Der Rabe weiht Sie in verborgene Geheimnisse ein, aber er warnt Sie auch, diese preiszugeben. Wenn Sie die kostbare und machtvolle Energie des Raben missbrauchen und anderen damit schaden wollen, richtet sie sich gegen Sie, und Sie werden für die Spirits vogelfrei.

Das Reh

Das sanfte, freundliche und scheue Reh symbolisiert sowohl Liebe, Vertrauen und Demut als auch Mut und Durchsetzungsvermögen. Wenn es Ihnen als Krafttier erscheint, werden Sie in der Lage sein, Licht in das Dickicht Ihrer Gefühle zu bringen. Es lehrt Sie, Ihre Probleme mit Verständnis und Liebe zu lösen. Üben Sie sich Ihren Mitmenschen gegenüber in Geduld und akzeptieren Sie deren Schwächen.

Sind Sie schnell beleidigt und ziehen sich in den Schmollwinkel zurück? Das Reh weist Sie darauf hin, dass Ihr Hang zum Selbstmitleid zu stark ausgeprägt ist. Wenn Sie Albträume haben, in denen jemand Ihnen Schmerzen zufügt, bitten Sie das Reh, diese Person aufzusuchen. Die Liebe des zarten Waldtieres wird Sie heilen, so dass Sie Ihren Frieden wiederfinden.

Die Schildkröte

Die Schildkröte repräsentiert Mutter Erde. Alt und weise verkörpert sie die Harmonie des Universums. Wenn Ihnen die Schildkröte als Krafttier erscheint, ist dies ein Zeichen, dass Mutter Erde Sie ruft, um Kontakt mit ihr aufnehmen. Jetzt bietet sich Ihnen die Chance, Ihrem Leben eine entscheidende Wendung zu geben. Sie lehrt Sie auch, Ihren Panzer abzulegen, mit dem Sie sich gegen alles schützen. Ihren Mitmenschen vermitteln Sie den Eindruck, als würden alle Probleme an Ihnen abprallen. Aber tief in Ihrem Herzen sind Sie verletzbar wie eine Schildkröte, die auf dem Rücken liegt. Versuchen Sie Ihre Stärke und Sensibilität, Ihren Körper und Ihren Geist in Harmonie zu bringen. Dann werden Sie alt, weise und sehr glücklich.

Die Schlange

Die Schlange symbolisiert die Lebensenergie und den Kreislauf von Leben, Tod und Wiedergeburt. Wenn sie Ihnen als Krafttier erscheint, ist dies ein Zeichen, dass Sie die Energie der Schöpfung in sich tragen.

Die Schlange lehrt Sie, vergangene Schicksalsschläge zu verstehen und anzunehmen, damit Sie sich aus eigenen Kräften heilen können. Sie verfügen über die Fähigkeit, tief in die Seele anderer Menschen zu blicken, um sie von ihren Schmerzen zu erlösen. Aber sie sagt Ihnen auch, dass Sie geduldiger und toleranter werden müssen, denn Sie sind einem lebenslangen Wandlungsprozess unterworfen, der Ihren Geist und Ihre Seele reifen lässt.

Der Schmetterling

Der zarte Schmetterling symbolisiert die Erneuerung und Hoffnung. Er verkörpert ein Gesetz des Lebens, indem er sich von der Raupe über den Schmetterling zum fragilen Lebewesen mit farbenprächtigen Flügeln wandelt. Als Ihr Krafttier lehrt er Sie, Veränderungen willkommen zu heißen, auch wenn sie auf den ersten Blick fremd und unvertraut sind. Nehmen Sie Ihr Leben in die Hand, und werfen Sie alten Ballast ab. Sein leichter Flügelschlag ist eine wunderbare Medizin, wenn Sie sich trübsinnig fühlen und düstere Gedanken in Ihrem Kopf wälzen. Versuchen Sie doch einmal, das Leben auf die leichte Schulter zu nehmen, und öffnen Sie sich für die Möglichkeiten, die Ihnen vielleicht bislang entgangen sind.

Der Schwan

Der Schwan wird als hässliches Entenkind geboren und entwickelt sich zu einem schönen und bezaubernden Vogel voller Grazie und Anmut. Als Krafttier lehrt er Sie, dem Großen Schöpfer zu vertrauen, der alles zum Guten wendet. Rufen Sie den Schwan, wenn Sie medizinische Hilfe benötigen. Sie haben eine Wunde, die nicht verheilt oder einen gebrochenen Knochen, der nicht zusammenwachsen will? Er gilt als ein Heiler in der Tierwelt, der seine breiten Flügel über Sie breitet, um Sie mit seiner Energie zu stärken. Er sagt Ihnen auch, dass Sie sich so akzeptieren sollen, wie Sie sind. Spüren Sie die Gnade des Lebens, freuen Sie sich auch über kleine Fortschritte. Haben Sie Geduld mit allen Dingen und lassen Sie die Veränderungen zu, die der Große Geist Ihnen auferlegt.

Der Specht

Der lebensfrohe Specht klopft oft aus purer Lust an den Baumstamm und trommelt mit seinem Schnabel Lieder. Wenn er Ihnen als Krafttier erscheint, möchte er Sie ermutigen, Ihre Aufmerksamkeit nicht ständig sorgenvoll auf die Zukunft zu lenken. Leben Sie in der Gegenwart, lautet seine Botschaft. Krallen Sie sich nicht an Dingen aus der Vergangenheit fest, die Sie als Ballast mit sich schleppen. Engen Sie Ihren Partner, Ihre Kinder und Mitmenschen nicht ein, sondern geben Sie Ihnen Freiheit und Luft zum Atmen. Sie allein sind selbst für Ihr Glück verantwortlich. Stellen Sie sich dem Leben und hören Sie nicht ständig auf fremde Ratschläge. Folgen Sie der Weisheit des Spechts, und freuen Sie sich jetzt Ihres Lebens. Pflücken Sie den Tag. Die Zukunft darf für Sie erst dann zum Thema werden, wenn sie zur Gegenwart wird. Es ist die Achtsamkeit des Augenblicks, die Ihre Seele in Einklang bringt.

Der Wal

Der Wal ist das größte und älteste Säugetier der Erde. Seit dem Film *Free Willy* wurde er zum Lieblingstier von Jung und Alt. Wenn er Ihnen als Krafttier erscheint, verfügen Sie tief in Ihrem Innern über ein altes Wissen. Es ist die Weisheit der Schöpfung, die aus Ihnen spricht. Er weist Sie darauf hin, Ihre Stimme zu nutzen, denn Sie sind ein Botschafter des Friedens. In Ihnen schlummert das Talent, Menschen mit Ihrer Sprache in den Bann zu ziehen. Lernen Sie, Ihre Hemmungen abzubauen. Stärken Sie Ihre Lungen und reichern Sie Ihr Blut mit Sauerstoff an. Werden Sie sich Ihrer Größe bewusst. Folgen Sie dem Ruf der Alten und leisten Sie Einzigartiges. Der Wal lehrt Sie, aus den Tiefen zu schöpfen und das Wissen an die Oberfläche zu bringen

Der Wolf

Der Wolf verkörpert Leidenschaft, Freiheit, Treue und Stärke. Er gehört zu den großen Lehrmeistern des Menschen. Die Kraft des Wolfes offenbart sich am stärksten in fest abgegrenzten Territorien. Er liebt Orte der spirituellen Ruhe. Er lehrt Sie die Fähigkeit zu dauerhaften und festen Beziehungen. Wechseln Sie nicht zu häufig Ihren Partner, denn Sie verletzen sich damit selbst und ziehen sich immer tiefer in den Strudel der Depressionen.

Gleichzeitig entfaltet sich die Wolfskraft nur in Freiheit und Unabhängigkeit. Zwänge und Enge unterdrücken sie. Der Wolf spornt Sie zum Überschreiten von Grenzen an.

Gestatten Sie es anderen nicht, Ihre Großzügigkeit und Gutmütigkeit auszunutzen, lassen Sie sich Ihre Lebensenergie nicht rauben, werden Sie zum Wolf.

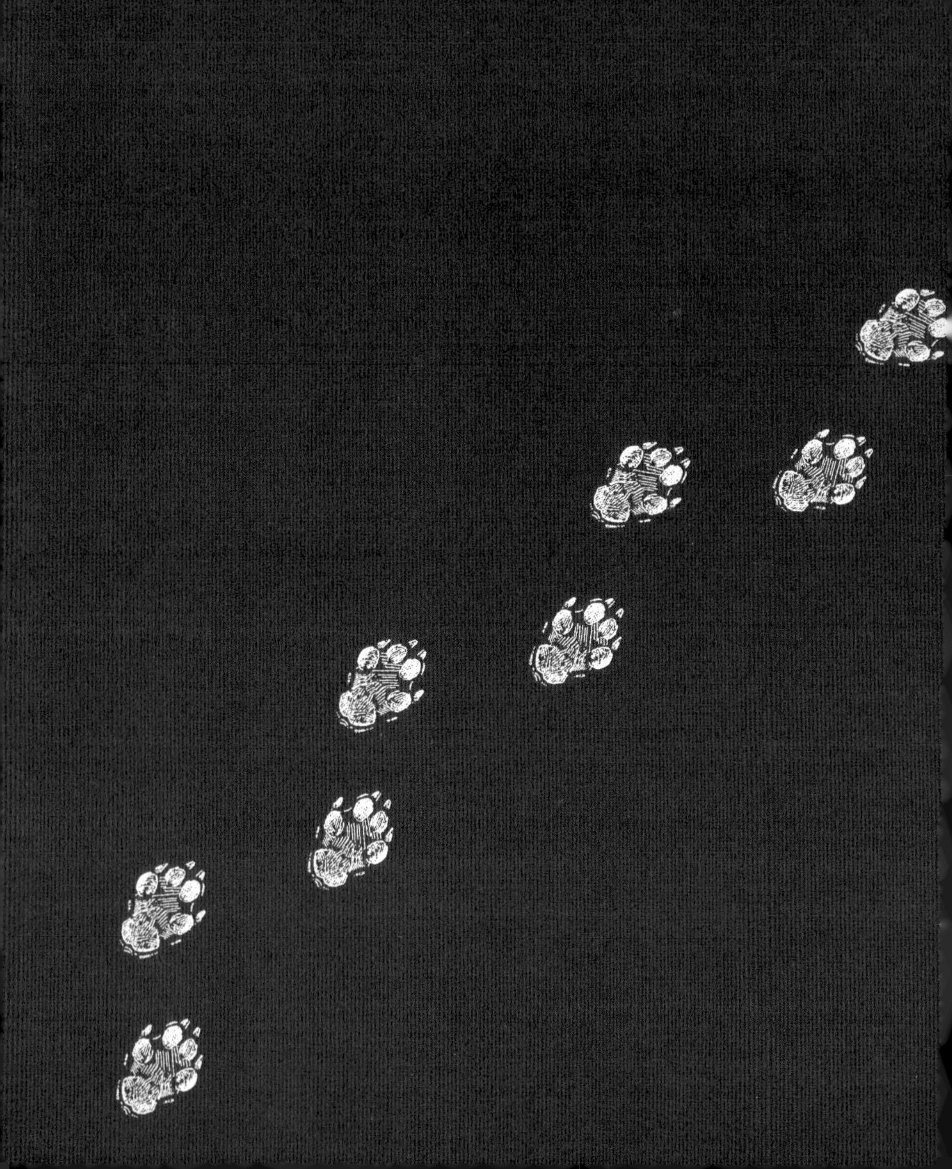

Die Beziehung zum Krafttier vertiefen

Wie im täglichen Leben gilt folgender Grundsatz auch für Ihr Krafttier: Freundschaften müssen gepflegt werden. Deshalb sollten Sie die Beziehung zu Ihrem animalischen Geistwesen mit jedem Tag vertiefen. Schenken Sie ihm die gebührende Aufmerksamkeit, die es verdient, denn Ihr geistiger und spiritueller Berater ist eines der kostbarsten Geschenke, die das Leben für Sie bereit hält. Ebenso wie Sie möchte Ihr Krafttier mit Respekt und Anerkennung behandelt werden. Andernfalls könnte es sich jemandem zuwenden, der ihm mehr Achtung zuteil werden lässt.

Folgende Übungen und Anregungen mögen Ihnen dabei helfen, eine dauerhafte und starke Beziehung zu Ihrem Krafttier aufzubauen:

- Denken Sie immer liebevoll an Ihr Krafttier, auch wenn Sie nichts von ihm wollen.
- Sprechen Sie mit ihm oder widmen Sie Ihrem Tiergeistwesen ein kurzes Dankesgebet.
- Zeichnen Sie Ihr Krafttier. Platzieren Sie das Bild auf Ihrem Schreibtisch.
- Richten Sie einen kleinen Altar ein. Dies kann ein Platz auf Ihrem Bücherbord sein oder die Oberfläche eines kleinen Kästchens. Stellen Sie eine Kerze darauf und schmücken Sie diesen Altar nach Ihrem Geschmack.
- Besorgen Sie sich eine kleine Figur, die Ihr Krafttier darstellt oder tragen Sie es als Amulett oder in Form eines Ringes. Ich habe mir beispielsweise den Kopf meines Krafttieres auf den Oberarm tätowieren lassen, um es immer bei mir zu tragen.
- Erweisen Sie Ihrem Krafttier Respekt, indem Sie es bitten, beim Laufen, Wandern, Radfahren, Schwimmen und anderen sportlichen Aktivitäten bei Ihnen zu sein.

Inneres Wachstum durch das Krafttier

Es bestehen noch weitere Möglichkeiten, sich mit seinem Krafttier im Alltag zu verbinden, ohne aufwändige Vorbereitungen treffen zu müssen. Versuchen Sie doch einmal folgende Übungen, die Ihnen ganz unmittelbar von praktischem Nutzen sein können. Sie stärken Körper, Geist und Seele und unterstützen Ihr inneres Wachstum.

Setzen oder legen Sie sich auf den Boden. Atmen Sie tief und ruhig ein. Entspannen Sie sich.

Visualisieren Sie nun Ihr Krafttier. Wenn es in seiner ganzen Größe vor Ihrem geistigen Auge erscheint, atmen Sie das Tier gleichsam ein, bis es komplett verschwunden ist. Fühlen Sie, wie sich die Kraft und Energie des eingeatmeten Geisttieres als sanfte, spirituelle Welle in Ihrem Körper ausbreitet.

Führen Sie Ihr Tier jetzt durch den gesamten Körper. Beginnen Sie bei den Füßen und ziehen Sie es hoch bis zum Nabel. Atmen Sie das imaginäre Wesen in Ihr Sonnengeflecht ein.

Wandern Sie mit dem Tier weiter zu jedem Ihrer Organe. Bitten Sie Ihr Krafttier, den Nieren, der Leber, der Lunge und dem Herzen neue Energie zu spenden. Sollten Sie an bestimmten Stellen Ihres Körpers Schmerzen verspüren, leiten Sie Ihr Krafttier dorthin. Bitten Sie es um Linderung und Heilung. Wiederholen Sie diese Übung mehrmals in der Woche.

Da Ihr Krafttier auch ein wunderbarer, zuverlässiger und kenntnisreicher Reisebegleiter ist, können Sie mit ihm andere Welten und Orte besuchen. Wenn Ihnen der Sinn danach steht, sollten Sie folgende Übung probieren:

Visualisieren Sie Ihr Krafttier. Fliegen Sie mit ihm in entfernte Länder oder in den nahen Park, wo Sie sich auf dem Blatt eines Baumes niederlassen. Ihrer Fantasie sind keine Grenzen gesetzt, leben Sie sie in vollen Zügen aus. Wichtig bei dieser Übung ist, dass Sie um diese Reise bitten. Sie können die Entscheidung über das Reiseziel auch Ihrem Tier überlassen.

Lassen Sie sich von ihm an einen Ort seiner Wahl bringen. Besuchen Sie dort bestimmte Personen, die Sie kennen. Sollte Ihre Tante in Amerika leben, bitten Sie Ihr Krafttier, mit Ihnen dorthin zu fliegen.

Ich persönlich reise gern mit meinem Krafttier zu Menschen, die im Kran kenhaus liegen. Ich statte Ihnen einen imaginären Besuch ab und bitte mein Krafttier um Hilfe für meine kranken Freunde.

Gern reise ich auch zu Plätzen, die ich auf Fotos in Magazinen gesehen habe. Dabei begegne ich auf diesen Reisen häufig Menschen, mit denen ich mich unterhalte. Sie erzählen mir dabei aus ihrem Leben oder erklären mir die Landschaft.

Eine Reise mit einem Krafttier in die entlegenen Winkel dieser Erde kann spannend und äußerst informativ sein.

Da Ihr Krafttier ein weiser Helfer in allen Lebenslagen ist, sollten Sie es bei schwierigen Entscheidungen zu Rate ziehen. Sprechen Sie Ihren geistigen Beschützer auf konkrete Probleme an. Vertrauen Sie darauf, dass Sie einen klugen Hinweis bekommen. Fragen Sie Ihr Krafttier einfach und ohne Umschweife, wie Sie sich entscheiden sollen. Das Tier wird Ihnen seine Antwort mitteilen.

Das kann in Form von Gedanken passieren, die Ihnen blitzartig in den Sinn kommen. Oder Sie erleben vielleicht einige Tage später eine ähnliche oder vergleichbare Situation, aus der Sie plötzlich die Antwort auf das eigentliche Problem ableiten können.

Krafttiere helfen in Form von Energiemustern, die Sie als Gedanken und Anregungen empfangen.

Die Wohltaten und Geschenke, die Ihr Krafttier für Sie bereit hält, sind schier unendlich. Bedenken Sie aber auch, dass Sie mit diesem Reichtum achtsam umgehen sollten. Gier, Maßlosigkeit und purer Materialismus sind Verhaltensweisen, die Ihr Krafttier nicht schätzt.

Kraft tanken

Sie können sich mit Energie aufladen, indem Sie Ihr Krafttier für längere Zeit in den Händen halten.

Nehmen Sie eine Miniaturausgabe Ihres Krafttieres. Das kann ein gekauftes Tier aus Holz, Stein oder Porzellan sein. Besonders wirkungsvoll ist es, wenn Sie diese Figur selbst geschnitzt oder aus Ton geformt haben. Ihrer Kreativität sind hier keine Grenzen gesetzt.

Es genügt aber auch ein Stein, der die Form Ihres Krafttieres hat. Oder nehmen Sie einen Stein, der Ihnen besonders ans Herz gewachsen ist. Stellen Sie sich einfach vor, er wäre Ihr Krafttier.

Nehmen Sie nun die Figur oder den Stein in Ihre Hände. Schließen Sie die Augen.

Verbinden Sie den Gegenstand, der Ihr Krafttier symbolisiert, durch einen imaginären Lichtstrahl mit Ihrem Herzen.

Nach etwa fünf Minuten »knipsen« Sie den Lichtstrahl an. Bedanken Sie sich bei Ihrem Krafttier. Stellen Sie die Figur oder den Stein an ihren oder seinen angestammten Platz.

Nach dieser Übung werden Sie sich wie neugeboren fühlen.

Schutz erflehen

Sie können Ihr Krafttier auch um Schutz für Haus, Wohnung und Familie bitten.

Visualisieren Sie das Haus, die Wohnung oder den Menschen. Tauchen Sie diese mit Hilfe Ihres Krafttieres in ein helles Licht, das schädliche Energien und Einflüsse wie eine Schutzhaut fernhält.

Diesen Schutz können Sie selbstverständlich auch auf sich selbst anwenden.

Umhüllen Sie vor dem Antritt einer längeren Reise Ihr Auto mit diesem Licht. Legen Sie diese Schutzhülle wie eine Käseglocke über den Wagen. Visualisieren Sie dann, wie Ihr Krafttier als Schutzgeist die Spitze krönt.

Heilzauber

Bitten Sie Ihr Krafttier um Heilung und Hilfe für Freunde, Bekannte oder auch Menschen, mit denen Sie sich nicht vertragen. Krafttiere kennen keinen Unterschied zwischen Freund und Feind. Sie helfen jedem Menschen.

Mit Ihrem Tiergeist an der Seite können Sie neue Freundschaften knüpfen und alte Feindseligkeiten begraben. Jeder Mensch, für den Sie um Hilfe bitten, wird das spüren und dadurch eine andere Einstellung zu Ihnen bekommen.

Übertreiben Sie es nicht!

An dieser Stelle möchte ich eine gut gemeinte Warnung aussprechen. Die Tatsache, dass Sie ein Krafttier haben, das Ihre individuellen Potenziale zum Vorschein bringt und Ihr Leben in sinnerfüllte Bahnen lenkt, darf Sie nicht zur Bequemlichkeit verführen.

Die Krafttiere wollen Ihr Bestes, aber vergessen Sie nicht, dass sie auf Ihre Mitarbeit angewiesen sind. Der Mensch allein bestimmt, wie er sein Leben gestalten möchte. Die Krafttiere können und wollen nicht die Verantwortung für Ihr Leben übernehmen. Diese Mühe bleibt Ihnen nicht erspart. Sie können jedoch die Energie und Kraft dieser freundlichen Geistwesen nutzen, um stressfreier und glücklicher die Hürden des Alltags zu meistern und gefährliche Klippen zu umschiffen.

Krafttiere verfügen über eine unerschöpfliche positive Energie und helfen in allen Bereichen des Lebens

Die Sechs-Krafttiere-Medizin zur Stärkung Ihres Körpers

Die Krafttiere schenken uns ihre wertvolle Hilfe aber nicht nur bei Alltagsproblemen. Auch unsere Gesundheit liegt ihnen sehr am Herzen.

Denn nur in einem gesunden Körper können sich unsere geistigen, spirituellen und emotionalen Fähigkeiten ganz entfalten. Folgende Übungen möchten Ihnen das verdeutlichen.

Auch wenn keines dieser sechs Krafttiere zu Ihren ganz persönlichen Begleitern zählt, können Sie diese Übungen mit großem Gewinn praktizieren. Schließlich steckt in jedem von uns – mehr oder weniger ausgeprägt – das Herz eines Wolfes, die Kraft des Bären, die elegante Leichtigkeit des Adlers, die Weisheit der Schildkröte, die konzentrierte Gelassenheit des Hirsches oder die großzügige Selbstlosigkeit des Büffels.

In den folgenden Übungen möchte ich Ihnen zeigen, wie Sie mit den Eigenschaften dieser Tiere in Ihrem Körper in Verbindung treten können, um Ihre Organe gesund zu halten und zu stärken. Die Übungen kombinieren Visualisierungen mit Bewegungsabläufen, die sehr einfach und unkompliziert, aber äußerst wirkungsvoll sind. Sie müssen keinen

Aufwand betreiben oder besondere Vorkehrungen treffen. Es steht Ihnen frei, sie zu Hause oder in der freien Natur zu praktizieren. Entscheidend hierbei ist, dass Sie sich an diesem Platz wohlfühlen. Sie brauchen auch nicht auf Musik zu verzichten, wenn Sie das nicht mögen. Achten Sie nur darauf, dass sie nicht zu laut ist und Sie nicht allzu sehr ablenkt.

Die Adler-Medizin

Wie wir wissen, kommt der Adler der Sonne am nächsten und steht mit den Mächten des Großen Geistes in Verbindung. Seine Klugheit, Wachsamkeit und Gelassenheit hat die Menschen zu allen Zeiten fasziniert. Medizinmänner verwenden Adlerfedern, um Krankheiten zu heilen.

Die Adler-Medizin wirkt sich positiv auf die Lungen, die Haut und den Dickdarm aus. Die Energie des Adlers hilft darüber hinaus bei Asthma, Hautkrankheiten, Darmbeschwerden, Raucherhusten und Kurzatmigkeit.

Und so geht's:

Setzen Sie sich entspannt auf den Boden. Stellen Sie sich vor, Sie wären ein Adler.

Um diese Visualisierung zu verstärken, breiten Sie die Arme wie mächtige Flügel rechts und links von Ihrem Körper aus.

Nun erheben Sie sich in Ihrer Fantasie in die Lüfte. Lassen Sie sich schwerelos durch das blaue Firmament gleiten. Niemand stellt sich Ihnen in den Weg. Genießen Sie das Gefühl grenzenloser Freiheit. Unter Ihnen breitet sich eine wunderschöne Landschaft aus: grüne Wälder und Wiesen, kristallklare Seen, Pflanzen und Blumen in allen Farben des Regenbogens. Ihr scharfes Adlerauge erfasst die prachtvolle Schöpfung von Mutter Erde. All Ihre Probleme fallen wie Ballast ab. Ihre Seele ist ganz auf die Gegenwart gerichtet.

Plötzlich steuern Sie auf einen mächtigen Berg zu. Unter sich erblicken Sie steile Felsklippen und tiefe Schluchten. Stellen Sie sich vor, wie Sie in eine dieser Schluchten fliegen, wobei Sie den Felsen fast mit Ihren Flügeln streifen.

Vertiefen Sie dieses innere Bild, während Sie langsam vom Boden aufstehen, die Arme immer noch seitlich angehoben. Öffnen Sie nun Ihre Augen, während Sie Schritt für Schritt vorwärts schreiten.

Stellen Sie sich nun vor, wie sich die Wände Ihres Zimmers in die steilen Wände des Felsmassivs verwandeln. Atmen Sie dabei tief in den Bauch ein und dann wieder aus. Spüren Sie, wie Ihr Atem fließt.

Setzen Sie sich wieder hin und schließen Sie erneut die Augen, bevor Sie zum Abschied einen letzten Blick auf die Wiesen und Wälder werfen.

Fühlen Sie, wie sich Ihr Herz mit Liebe füllt. Danken Sie dem Adler für die Kraft, die er Ihnen geschenkt hat.

Versprechen Sie Ihrer Lunge, mit dem Rauchen aufzuhören, Ihrem Darm, sich in Zukunft gesünder zu ernähren oder Ihrer Haut, öfter an die frische Luft zu gehen.

Die Hirsch-Medizin

Der Hirsch ist ein graziles, anmutiges und wachsames Geschöpf. Er hat die Gabe, Gefahren aus weiter Entfernung zu orten. Zugleich ist dieses Tier energiegeladen und schnell. Man bezeichnet ihn als Herrscher des Waldes. Sein majestätisches Geweih verleiht ihm diese Würde.

Die Hirsch-Medizin ist vor allem Balsam für die Kopfregion. Sie kann bei Kopfschmerzen helfen und Sehstörungen und einen erhöhten Augeninnendruck lindern.

Und so geht's:

Setzen Sie sich entspannt auf den Boden. Schließen Sie die Hände zu Fäusten, so dass die Finger die Daumen umfassen. Legen Sie nun die Fäuste mit den Zeigefingern über den Augen an die Stirn. Stellen Sie sich vor, Ihre Fäuste wären ein mächtiges Geweih.

Sie befinden sich nun in einem Wald und streifen wie ein Hirsch zwischen den Bäumen umher. Das Sonnenlicht wirft die Schatten der Blätter auf den Boden.

Spüren Sie, wie dieser harmonische Ort voll Ruhe und Frieden mit der sanften, wohltuenden Musik der Natur erfüllt ist: das leise Plätschern des Baches, das Rascheln der Blätter und Rauschen der Baumwipfel im Wind, das fröhliche Konzert der Tierstimmen. Sie befinden sich im Mittelpunkt dieser wunderbaren Schöpfung, gelassen und zugleich in königlicher Haltung.

Stehen Sie nun langsam auf, während Sie Ihre Fäuste noch immer an die Stirn halten. Gehen Sie ein paar Schritte, wobei Sie die Fäuste sachte öffnen. Rollen Sie dabei die Mittelgelenke der Finger über die Stirn, bis Sie mit Ihren kleinen Fingern an der Stirnseite angelangt sind. Wenn Sie möchten, können Sie dies mehrmals wiederholen.

Lässt Ihre Visualisierung allmählich nach, setzen Sie sich wieder an Ihren Platz.

Danken Sie dem Hirsch, dass er Ihnen seine Medizin geschenkt hat.

Danken Sie Ihrem Kopf und Ihren Augen für die Arbeit, die sie täglich leisten.

Die Wolf-Medizin

Der Wolf ist ein mythenumwobenes, herrschaftliches Tier. In vielen Gegenden dieser Welt gilt er als ein Lehrer der Menschen und weiser Führer. Mit seinem ausgeprägten Geruchssinn wittert er Gefahren. Die Indianer verehrten den Wolf wegen der Fürsorge für sein Rudel, wegen seines Familiensinns und seiner schützenden Instinkte.

Die Medizin des Wolfes stärkt die Seele, reinigt die Nase und stimuliert die Geruchs- und Geschmacksnerven.

Und so geht's:

Nehmen Sie am Boden Platz. Krümmen Sie Ihre Hände. Legen Sie diese auf die Oberschenkel, wobei Sie sich vorstellen, es wären Wolfsklauen.

Schließen Sie nun die Augen. Visualisieren Sie, wie Sie sich frühmorgens in einem Tannenwald befinden. An den Nadeln der Bäume glitzern Tautropfen in den ersten Lichtstrahlen der Sonne, die sich schon bald in ihrer ganzen Pracht am Firmament zeigen wird. Die Luft, die Sie einatmen, ist klar, frisch und rein.

Verwandeln Sie sich nun in Ihrer Fantasie in einen Wolf. Spüren Sie, wie Ihnen eine Schnauze wächst, achten Sie auf Ihren feuchten Atem. Kein Detail Ihrer Umgebung entgeht Ihrem konzentrierten und wachsamen Auge. Blitzschnell erfassen Sie die kleinste Bewegung und Veränderung, die um Sie herum passiert. Ihre Nase nimmt unzählige Gerüche gleichzeitig wahr und weiß sie zu unterscheiden: Tannenzapfen, Gräser, der würzige Duft des Baumharzes, das herbe Aroma der Efeublätter und vieles mehr.

Streichen Sie nun mit Ihren Händen über Ihr Gesicht, wobei Sie sich diese weiterhin als Tatzen vorstellen. Beginnen Sie beim Nasenansatz zwischen den Augen, dann fahren Sie über den Nasenrücken, die Nasenflügel bis zu Ihren Wangen entlang. Stellen Sie sich während dieser Übung vor, Sie würden Ihr Fell putzen.

Bleiben Sie solange in dieser Imagination, bis das Bild des Wolfes verblasst.

Danken Sie dem Wolf für das Geschenk seiner Medizin, und danken Sie Ihrer Nase und Ihrem Mund.

Die Schildkröten-Medizin

Die als weise und genügsam geltende Schildkröte ist eines der ältesten und langlebigsten Tiere auf diesem Planeten. Für die Indianer verkörpert sie Mutter Erde, aber sie steht mit allen vier Elementen in Verbindung – Wasser, Erde, Luft und Feuer. Ihr Körper ist von einem widerstandsfähigen Panzer umschlossen, aus dem nur der Kopf, die vier Beine und ein spitzer Schwanz hervorstehen.

Die Schildkröten-Medizin stärkt unseren gesamten Körper und schenkt ihm Festigkeit. Sie kräftigt die Nerven im Hals- und Nackenbereich und die Schultermuskulatur. Dies hält unsere Wirbelsäule geschmeidig und verbessert den gesamten Stoffwechsel.

Und so geht's:

Setzen Sie sich auf den Boden. Legen Sie die Hände auf die Knie und schließen Sie die Augen. Visualisieren Sie das Bild einer großen Schildkröte und schlüpfen Sie in das Tier. Sie befinden sich im Meer. Schwerelos gleiten Sie zwischen Korallen, Muscheln und Fischschwärmen durch das warme Wasser. Während Sie sich Ihren Bewegungen hingeben, fallen Sorgen und Stress von Ihnen ab.

Drücken Sie nun den Kopf auf Ihr Brustbein. Atmen Sie tief in den

Bauch ein. Stellen Sie sich dabei vor, Sie würden wie eine Schildkröte Ihren Kopf in den Panzer ziehen.

Heben Sie dann den Kopf in den Nacken, während Sie ausatmen. Wenn Ihr Kopf ganz hinten angelangt ist, pressen Sie die letzte Luft aus Ihren Lungen. Ziehen Sie dabei gleichzeitig die Schultern hoch.

Wiederholen Sie die Übung so oft, bis das innere Bild der Schildkröte verschwindet.

Bedanken Sie sich bei der Schildkröte, dass Sie Ihnen ihre Medizin so freigiebig zur Verfügung gestellt hat.

Danken Sie Ihrem Kopf und Nacken, Ihren Schultern und der Wirbelsäule für Ihre unermüdlichen Dienste.

Die Büffel-Medizin

Bei den Indianern gilt der Büffel als heiliges Tier. Er wurde verehrt, weil er den Stämmen das Überleben sicherte. Aber auch in ihren Legenden spielt er eine große Rolle. Als Krafttier bringt er die spirituelle, geistige Seite in uns zum Klingen. Er erinnert uns daran, dass wir uns am Licht und nicht an der Dunkelheit orientieren sollen.

Die Büffel-Medizin kräftigt das Herz und Immunsystem. Sie hilft, Verspannungen im Halsbereich zu lösen.

Und so geht's:

Setzen Sie sich in den Schneidersitz. Legen Sie die Hände auf die Oberschenkel und schließen Sie die Augen.

Lassen Sie vor Ihrem inneren Augen eine Prärielandschaft erstehen. Sie befinden sich mitten darin. Nun sind Sie ein mächtiger und starker Büffel. Ihrem dichten Fell können Wind und Kälte nichts anhaben. Spüren Sie, wie sich das saftige Gras unter Ihren Hufen anfühlt.

Erheben Sie sich nun langsam und knien Sie sich hin. Stemmen Sie sich mit den Vorderarmen auf den Boden und senken Sie den Kopf, als wollten Sie fressen.

Bleiben Sie einige Sekunden in dieser Position. Kommen Sie dann mit dem Kopf langsam wieder nach oben, bis Sie auf Schulterhöhe sind.

Nun drehen Sie den Kopf sachte nach rechts und nach links. Vorsicht: Dehnen Sie nur soweit, dass es Ihnen keine Schmerzen bereitet. Spüren Sie die Bewegung in Ihren seitlichen Halsmuskeln.

Atmen Sie tief in den Bauch- und Brustraum ein, wenn Sie den Kopf wieder heben.

Beim Senken des Kopfes atmen Sie aus. Lassen Sie Ihren Atem im Einklang mit den Bewegungen Ihres Kopfes harmonisch fließen.

Vermeiden Sie, die Luft anzuhalten oder den Bauch anzuspannen.

Wiederholen Sie diese Übung so lange, bis das innere Bild verschwindet. Setzen Sie sich dann wieder in den Schneidersitz.

Bedanken Sie sich beim Büffel für seine kostbare Medizin. Danken Sie Ihrem Herzen, dass es pausenlos schlägt, und Ihren Halsmuskeln, deren Arbeit oft nicht wahrgenommen wird.

Die Bären-Medizin

Nach indianischer Auffassung sind sich Menschen und Bären sehr ähnlich. Sie können auf zwei Beinen stehen und auf Bäume klettern. Mut, Tapferkeit, Fairness und Lebensfreude sind nur einige von vielen Eigenschaften, für die der Bär geschätzt wird. Zugleich ist er ein genauer Beobachter seiner Umgebung, und er frönt gern dem Lustprinzip.

Die Bären-Medizin wirkt wohltuend auf die Bauchspeicheldrüse und den Magen. Sie hilft bei Verdauungsstörungen, Diabetes sowie Über- und Unterzuckerung des Blutes.

Und so geht's:

Setzen Sie sich in den Schneidersitz. Lassen Sie Ihre Arme locker nach vorne hängen. Stellen Sie sich vor, Ihre Hände wären Bärentatzen.

Schließen Sie die Augen und lassen Sie vor Ihrem inneren Auge das Bild eines Bären erstehen. Schlüpfen Sie in das Tier.

Jetzt sind Sie ein Bär, der durch den Wald streift. Ihnen knurrt der Magen, so dass Sie nach Nahrung suchen. Leider ist kein Bienenstock in Sicht, aber in der Nähe entdecken Sie einen Fluss, in dem es nur so von Lachsen wimmelt. Es steht Ihnen frei, sich zu bedienen, um Ihren Hunger mit diesem gesunden Mahl zu stillen.

Spüren Sie bei diesem Bild, wie alle Alltagszwänge von Ihnen weichen. Gefühle von Stärke, Souveränität und Freiheit durchströmen Sie.

Stehen Sie nun langsam auf, wobei Sie Ihre Arme immer noch hängen lassen. Drücken Sie Ihre Knie durch und wölben Sie Ihren Bauch nach vorn. Ahmen Sie den schwerfälligen und tapsigen Gang des Bären nach. Schauen Sie mit geschlossen Augen bedächtig nach links und rechts, während Sie sich vorstellen, Sie würden das Geschehen im Wald beobachten.

Wenn Ihre Visualisierung schwächer wird, setzen Sie sich wieder. Bedanken Sie sich beim Bären für seine Medizin. Danken Sie Ihrer

Bauchspeicheldrüse, Ihrem Magen und Ihren Blutkörperchen. Fassen Sie den Vorsatz, in Zukunft weniger Süßes zu essen, mit dem Rauchen aufzuhören und Alkohol nur noch maßvoll zu konsumieren.

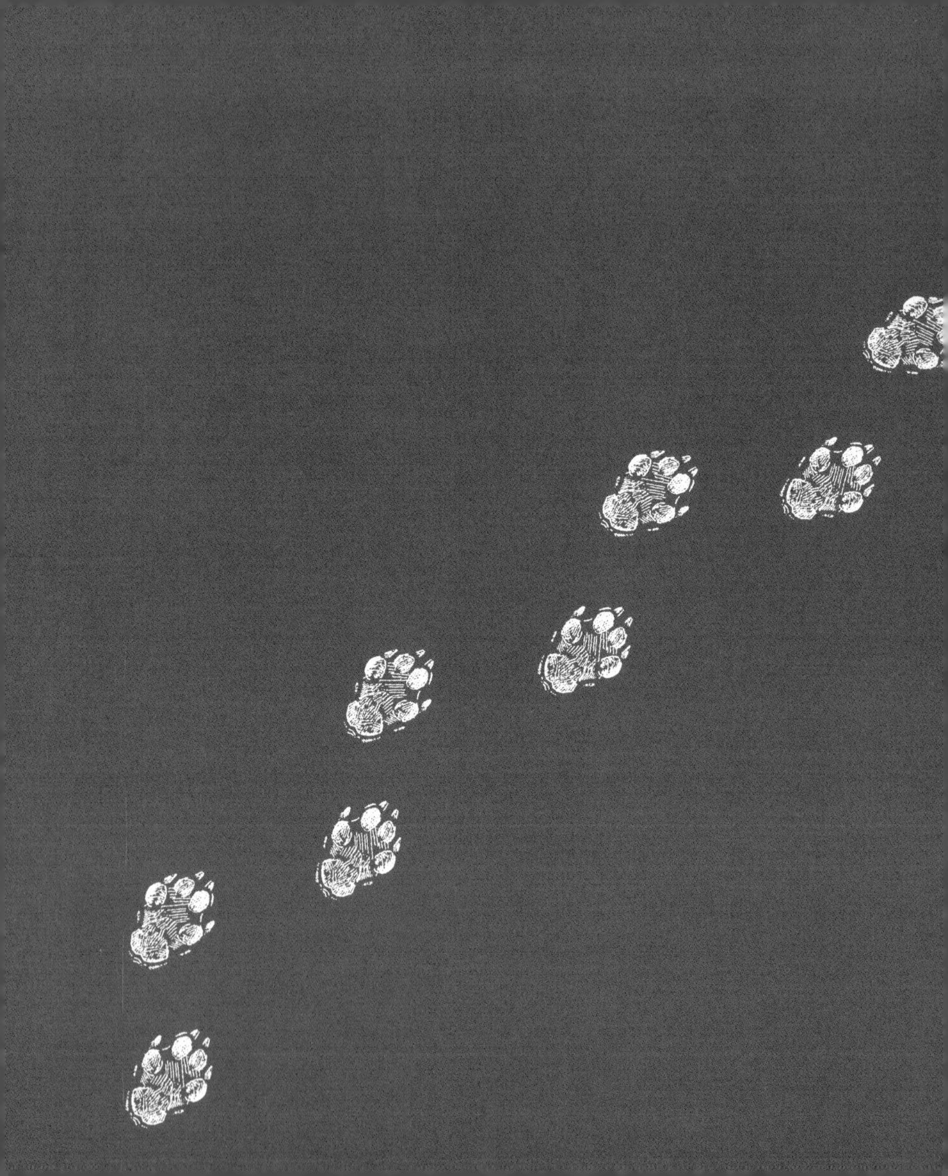

Die schamanische Reise

Wenn Sie mir bis hierhin gefolgt sind, liebe Leserinnen und Leser, wartet ein besonderes Abenteuer auf Sie.

Ich möchte Sie nun mit der schamanischen Reise bekannt machen. Sie ist das spannendste Unternehmen, um seinem Krafttier zu begegnen.

Im Gegensatz zur Visionssuche, dem Träumen, Trommeln oder Tanzen, um Ihr Krafttier um sein Erscheinen zu bitten, machen Sie sich nun selbst auf den Weg zu ihm.

Eine andere Bezeichnung für die schamanische Reise lautet *Seelenflug*. Der Reisende stößt hierbei gleichsam die Tür zu einer anderen Welt auf. Er übertritt eine Schwelle und gelangt in eine Welt, in der die Gesetze unserer alltäglichen Wirklichkeit keine Gültigkeit mehr besitzen.

In dieser nichtalltäglichen Wirklichkeit ist unser Krafttier zu Hause. Wir suchen es nun an seinem Wohnort auf. Dort können wir in eine allumfassende spirituelle Energie eintauchen, die uns an dem teilhaben lässt, was wir als Ewigkeit bezeichnen. Wir werden hautnah erfahren, dass das göttliche Universum größer ist als der kleine Ausschnitt der Wirklichkeit, den wir mit unseren fünf Sinnen wahrnehmen.

Die schamanische Reise führt Sie in das Land der Geister, wo Raum und Zeit aufgehoben sind.

Der Eingang

Bevor Sie nun Ihre erste schamanische Reise zu Ihrem Krafttier antreten, bei der ich Sie begleiten möchte, müssen Sie einige Vorbereitungen treffen, um bereit zu sein.

Zuerst ist es wichtig, dass Sie Ihren persönlichen Abfahrtsort finden, der Sie auf den Weg zu Ihrem Krafttier bringt. Dies ist im Schamanenglauben ein Eingang, gleichsam einer Pforte oder Schwelle zur anderen, nichtalltäglichen Wirklichkeit.

In fast allen schamanischen Kulturen gibt es zwei Möglichkeiten, in die geistige Welt zu gelangen. Durch Eingänge, die sich in die Erde öffnen, erreicht man die sogenannte Untere Welt, Pforten im Himmel eignen sich für Reisen in die Obere Welt. Die Erfahrung hat gezeigt, dass Reisen in die Untere Welt Erfolg versprechender sind. Deshalb empfehle ich Ihnen, sich eine Öffnung zu suchen, die in die Erde führt. Es spielt dabei keine Rolle, ob es sich um eine Höhle, den Eingang eines Stollen, einen Fuchsbau, einen hohlen Baum oder einen Spalt zwischen zwei Felsen handelt.

Wichtig hierbei ist, dass dieser von Ihnen ausgewählte Ort folgende Kriterien erfüllt:

- Es ist nicht relevant, wie oft Sie diesen Ort in Ihrem Leben gesehen haben. Sie sollten nur in der Lage sein, diesen Ort vor Ihrem geistigen Auge erscheinen zu lassen. Vielleicht haben Sie vor Jahren ein Kaninchen beobachtet, das in seinen Bau schlüpfte. Wenn Sie diesen Bau heute noch vor Augen haben, ist er sicherlich der richtige Ort.
- Stören Sie sich nicht daran, wenn der Eingang kleiner als Sie ist. Sie werden diese Pforte nicht mit Ihrem Körper durchschreiten müssen, sondern Ihr Geist wird sie passieren.

– Der Ort sollte eine gewisse Faszination auf Sie ausüben. Seine spirituelle Energie sollte immer für Sie spürbar sein.
– Wenn Ihnen ein entsprechender Ort nicht auf Anhieb einfällt, können Sie versuchen, sich diesen vorzustellen. Ich möchte Ihnen dennoch raten, sich auf die Suche nach einer geeigneten realen Pforte zu machen. Das Erlebnis, von unserer alltäglichen in die geistige Welt hinüberzugehen, wird intensiviert.
– Wenn Sie einen passenden Eingang gefunden haben, sollten Sie sich die Atmosphäre des Ortes einprägen. Erfahren und erspüren Sie ihn mit Ihren fünf Sinnen. Nehmen Sie die Geräusche wahr, das Zwitschern der Vögel, das Rauschen der Bäume, das Summen der Bienen. Wie duftet dieser Ort? Lieblich zart nach Gräsern oder Blumen, oder würzig nach Harz und feuchtem Moos? Atmen Sie die Düfte ein. In welchen Farben ist dieses Fleckchen Natur gestaltet? Zartgrün, dunkelbraun oder sattrot, eingerahmt von einem leuchtend blauen Himmel? Malen Sie sich ein Bild davon in Ihrem Geist und tragen Sie es fest in Ihrem Herzen.

Der Tunnel

Jetzt haben Sie den ersten Schritt getan, der Sie Ihrem Krafttier näher bringt. Sie haben Ihren persönlichen Eingang gefunden, so dass sich Ihre Seele nun auf den Weg begeben kann: Dorthin, wo Sie Ihren Krafttieren und Geistwesen begegnen, wo Sie Hilfe und Rat erfahren. Aber nun gilt es, eine weitere Etappe zu bestehen, denn der Weg ist noch weit und Sie befinden sich immer noch in Ihrer Ausgangsposition. Unternehmen Sie nun Folgendes:

Visualisieren Sie den Eingang vor Ihrem geistigen Auge und kriechen oder gehen Sie durch die Öffnung. Jetzt wird sich vor Ihnen ein Tunnel, Korridor oder eine Rutschbahn auftun, den oder die Sie anschließend durchschreiten oder durchfliegen.

Visualisieren Sie, wie Sie sich durch die Öffnung zwängen und in die Erde eintauchen. Denken Sie dabei nicht an Wurzelwerk, Mäuse, Käfer, Ameisen und Maulwürfe. Sie unternehmen keine konkrete Reise in das Innere der Erde, sondern Sie reisen vielmehr in eine spirituelle magische Welt, die tief unter den Wurzeln und Steinen jenseits unserer Alltagswirklichkeit liegt.

Um die alltägliche Wirklichkeit rasch hinter sich zu lassen, müssen Sie durch den Tunnel. Sie müssen den Tunnel deshalb sofort sehen, wenn Sie durch die Öffnung gegangen sind. Er ist die Fahrkarte in die Welt der Geistwesen. Ohne ihn wäre die Reise zu Ende, bevor sie richtig begonnen hat. Sollten Sie keinen Tunnel erblicken, der Sie nach unten zieht, malen Sie sich einen. Erschaffen Sie diese imaginäre Rutsche in Ihren Gedanken. Diese Starthilfe ist völlig in Ordnung. Spätestens im Inneren des Tunnels entwickelt die Reise ein Eigenleben und entzieht sich völlig Ihrem Einfluss.

Jeder Reisende erlebt diesen Tunnel anders. Er kann eng und dunkel sein, aber auch hell und breit. Vielen Reisenden erscheint er als Spiralnebel, der wie ein riesiger Korkenzieher nach unten führt. Machen Sie sich mit Ihrer Pforte und dem Tunnel vertraut, bevor Sie Ihre erste Reise in die magische Welt antreten.

Gerne würde ich Ihnen an dieser Stelle meine eigenen Erfahrungen schildern. Ich persönlich habe mehrere Einstiegshilfen in die nichtalltägliche Wirklichkeit. Je nach Stimmung und Laune steige ich entweder durch die geöffnete Klappe eines Indianerzeltes oder ich schlüpfe durch ein Loch, das sich in einem stark bemoosten Baumstumpf befindet. Diesen Stumpf habe ich während eines Spaziergangs in einem Park gefunden. Vermutlich war der Baum alt und morsch gewesen, denn der Stamm war von innen bereits hohl gefressen. Dieses morsche Loch ist meine Pforte geworden. Sie ist die dünne Stelle zwischen den verschiedenen Welten, die ich immer wieder mal durchschreite.

Bevor ich zum ersten Mal in Gedanken durch den alten Baum stieg, habe ich den magischen Ort im Park genau erkundet. Mehrmals schlief ich neben dem Stumpf, steckte meinen Kopf in das Loch des vermoderten Stamms und atmete den Geruch des Mooses und der Pilze ein. Ich erwachte mit dem Gesang der Vögel und wünschte den Käfern und Ameisen, die meine Pforte als Heimstatt benutzten, einen wunderschönen Morgen.

Ich sog den Duft des Waldes tief in meine Nase, schnupperte wie ein Hund an dem abgesägten Baum. Vorsichtig tastete ich mich über das bemooste Holz hin zu dem Loch, das rund 40 Zentimeter tief ins Wurzelwerk reicht. Ich nahm diese wundervollen Gerüche von Mutter Erde in mir auf. Dabei schloss ich die Augen und versuchte, die Düfte in Farben und Formen umzusetzen. Daraus ergab sich ein Gemälde, das ich in meinem Herzen aufbewahrte. Wo immer ich mich aufhalte, kann ich diesen wunderschönen Ort in mein Gedächtnis rufen. Ich rieche, schmecke und fühle den tiefen spirituellen Frieden, der von diesem bemoosten Baumstumpf ausgeht. Er ist ein Teil meiner Seele geworden.

Sich mit dem Eingang und Tunnel verbinden

Wenn Sie Ihren Eingang nun gefunden haben, können Sie Ihre Beziehung zu ihm vertiefen. Dies ist auch in Ihren eigenen vier Wänden möglich.

Folgende Übung kann hier äußerst hilfreich sein:

Zünden Sie eine Kerze an, bevor Sie sich bequem hinsetzen oder auf den Boden legen. Entspannen Sie sich. Atmen Sie tief in den Bauch ein und durch die Nase aus. Beim Einatmen konzentrieren Sie sich auf Ihren Nabel, beim Ausatmen reist Ihre Aufmerksamkeit zum Herzen.

Schließen Sie die Augen. Wandern Sie im Geiste zu Ihrem Einstiegsloch, Ihrer Pforte, die Sie in die andere Welt bringt. Holen Sie Ihr im Geiste gezeichnetes Gemälde aus dem Herzen. Sehen Sie die Öffnung so vor Ihrem geistigen Auge, wie sie real existiert.

Nehmen Sie den Ort der Abreise mit allen Sinnen wahr. Erinnern Sie sich an die Düfte und Gerüche, schmecken Sie das Moos, die Erde, das Wasser oder den nackten Fels auf Ihrer Zunge. Achten Sie auf die Tiere, die Sie gesehen haben, die Farben der Büsche und Bäume. Der Ort ist Ihnen vertraut.

Steigen Sie jetzt durch die Öffnung in das Erdinnere oder zwängen Sie sich durch den engen Kaninchenbau. Sie sehen den Tunnel, der sich vor Ihnen öffnet. Ist er aus Stein, sind seine Wände fest oder feucht? Bleiben Sie stehen und schauen Sie sich aufmerksam um. Inspizieren Sie Ihren Tunnel. Lassen Sie sich Zeit. Es ist niemand da, der Sie zur Eile drängt. Gestatten Sie sich einen letzten Blick, bevor Sie wieder zum Eingang gehen und hinaussteigen.

Ich rate Ihnen, diese Visualisierung mehrmals zu wiederholen. Diese Übung eignet sich hervorragend dafür, das Bild Ihres Orts der Abreise aus Ihrem Herzen zu holen, Pforte und Tunnel zu sehen, den Platz zu spüren, zu riechen und zu schmecken und jederzeit abzurufen.

Die Trommel

Bevor Sie sich nun endgültig auf die Reise machen, brauchen Sie jemanden, der während Ihres Fluges durch Raum und Zeit die Trommel schlägt. Der Trommelhelfer tut dies mit etwa 200 Schlägen pro Minute. Sollte Ihnen niemand zur Verfügung stehen, können Sie auch auf eine Trommelkassette oder Trommel-CD zurückgreifen, die Sie über Kopfhörer abspielen lassen. Das hat den Vorteil, dass Sie zu jeder von Ihnen gewünschten Zeit eine schamanische Reise antreten können, ohne auf einen Trommelhelfer angewiesen zu sein.

Das Schlagen der Trommel ist ein monotoner Rhythmus, der Sie in einen veränderten Bewusstseinszustand bringt. Für die Indianer ist der dumpfe Schlag der Trommel gleichbedeutend mit dem Herzschlag der Erde. Durch die Trommelschläge schalten unsere Hirnströme auf eine andere Frequenz um. Dazu ist es notwendig, dass Sie völlig entspannt sind und die Fähigkeit haben, sich fallen zu lassen.

Viele Menschen fürchten sich vor diesem Zustand, weil sie nicht wissen, was mit ihnen passiert. Sie befürchten, aus diesem veränderten Bewusstseinszustand nicht mehr zu erwachen und verzichten deshalb auf eine schamanische Reise.

Falls es Ihnen so ergeht, möchte ich Ihnen folgende praktische Übung ans Herz legen:

Suchen Sie einen Park auf und setzen Sie sich auf eine Bank. Beobachten Sie, wie die Wolken am Himmel vorüberziehen. Konzentrieren Sie sich dabei auf einzelne von ihnen. Nehmen Sie wahr, wie sie sich zu Gesichtern oder Figuren verändern, die sich wieder verschieben, auflösen und in anderen Formen zusammensetzen. Vielleicht sehen Sie einen Delfin, der gerade aus dem Wasser springt, einen hochgewachsenen, kräftigen Baum oder ein niedliches Kindergesicht. Wolken können alle erdenklichen Formen annehmen und bei Ihnen die unterschiedlichsten Assoziationen erwecken. Stellen Sie sich vor, dass Sie in diesem Moment Zeuge der Geburt und des Todes von Wolkenwesen sind. Dieses konzentrierte Sehen ist nur in einem veränderten Bewusstseinszustand möglich. Man spricht auch vom schamanischen Bewusstseinszustand oder vom schamanischen Sehen.

Sie können aber auch direkt in die freie Natur gehen und das schamanische Sehen üben:

Ein ebenso wunderbares Erlebnis ist es, sich im Wald auf den Boden zu legen. Schauen Sie konzentriert in die Wipfel und Kronen der Bäume. Schalten Sie dabei Ihren Verstand aus und lassen Sie sich von den Bildern treiben, die über Ihnen wie von Geisterhand auf eine riesige Leinwand projiziert werden. Aus den Baumwipfeln und -kronen werden Fabeltiere und Geistwesen, die sich ständig verändern. Das Gezwitscher der Vögel wird zu einem Konzert von Stimmen. Mit der Zeit verwandelt sich der Wald in eine Welt der Kobolde, Gnome und Feen. Jeder Stein, jeder Farn und jedes noch so kleine Lebewesen offenbart Ihnen in diesem Moment seine Seele.

Sobald Sie jedoch Ihren Verstand einschalten, flüstert er Ihnen ein, dass es keine Feen und Gnome gibt. Und innerhalb weniger Augenblicke werden aus den Fabelwesen wieder Baumwipfel, aus den Gnomen grüne Farne und aus Drachen am Himmel weiße Quellwolken. Der Übergang aus dem veränderten Bewusstseinszustand zum realen Denkmuster dauert nur Bruchteile von Sekunden.

So verhält es sich auch mit dem veränderten Bewusstseinszustand während einer schamanischen Reise. Der monotone Trommelschlag hilft Ihnen, den Verstand auszuschalten. Wissenschaftlich gesehen agiert unser Gehirn im wachen Zustand auf der Ebene der sogenannten Betawellen. Verlangsamt sich unsere Gehirnaktivität, wie dies bei der schamanischen Reise geschieht, gelangen wir in den Bereich der sogenannten Thetawellen. Der Mensch macht in diesem Zustand nur noch vier bis sechs Atemzüge pro Minute (normal sind 18 Atemzüge). Der Thetawellenbereich ist die Ebene des schamanischen Bewusstseins, der Zugang des Unbewussten, dort, wo Zeit und Raum aufgehoben sind, wo Sie mit den Tieren sprechen und durch die Luft fliegen können.

Die Reise zum Krafttier

Sie haben sich Ihren Eingang und den Tunnel fest als Bild eingeprägt, so dass Sie es jederzeit vor Ihrem inneren Augen erstehen lassen können. Ihr Trommelhelfer ist bereit oder Sie haben eine entsprechende Kassette oder CD schon vorbereitet.

Nun sind Sie bestens gerüstet, um Ihre erste Reise in die Welt der Tiergeisterwesen zu unternehmen. Aber vorher dürfen Sie nicht vergessen, die Dauer Ihrer Reise festzulegen. Acht bis zehn Minuten sind bei einer ersten spirituellen Tour ausreichend.

Sind Sie bereit? Dann kann es losgehen.

Verdunkeln Sie Ihr Zimmer und zünden Sie eine Kerze an. Spüren Sie den tiefen Frieden, der Sie umgibt. Legen Sie sich in Rückenlage auf den Boden. Bedecken Sie Ihre Augen mit einem Tuch, um jede Lichtquelle auszuschalten. Dieses Tuch sollten Sie gut aufheben, um es bei weiteren Reisen zu verwenden. Machen Sie es zu einem rituellen Gegenstand in Ihrer persönlichen Praxis. Schamanen und Medizinmänner benutzen ihre rituellen Gegenstände ein Leben lang.

Entspannen Sie sich. Legen Sie Ihre Arme locker seitwärts am Körper an. Atmen Sie mehrmals tief ein und aus. Geben Sie Ihrem Trommelhelfer ein Zeichen oder schalten Sie das Abspielgerät für Ihre Kassette oder CD ein.

Wenn die monotonen Trommelschläge einsetzen, visualisieren Sie das Bild des Eingangs. Schauen Sie sich ruhig um und erfassen Sie diesen Ort mit Ihren Sinnen, wie Sie es in den vorangegangenen Kapiteln geübt haben.

Gehen oder kriechen Sie nun durch den Eingang. Wenn Sie diese Pforte passiert haben, steuern Sie sofort auf den Tunnel zu, der sich vor Ihren Augen auftut. Lassen Sie sich treiben. Vertrauen Sie auf die positive Kraft der Geistwesen, die Sie erwarten. Viele Reisende fliegen mit hoher Geschwindigkeit durch die magische Röhre, andere purzeln hinunter. Sollten während Ihres Fluges Hindernisse auftauchen, umgehen Sie diese einfach. Nach kurzer Zeit sehen Sie am Ende des Tunnels ein Licht, das immer heller wird, je mehr Sie sich ihm nähern.

Wenn Sie das Licht mit hoher Geschwindigkeit durchflogen haben, werden Sie sich in einer Landschaft wiederfinden. Jetzt sind Sie in der Heimat der Geistwesen und Krafttiere angelangt. Nehmen Sie sich die Zeit, diese Landschaft ausgiebig zu betrachten. Es gibt in dieser wunderbaren Welt viel zu entdecken! In den meisten Fällen macht sich das Krafttier von selbst bemerkbar. Schließlich hat es viele Jahre auf Ihren Besuch gewartet. Wenn nicht, müssen Sie es rufen.

Begrüßen Sie Ihr Krafttier mit den Worten: »Bist du mein Krafttier? Ich freue mich von ganzem Herzen, dich zu sehen, und bin dankbar, dass ich hier sein kann.«

Nähern Sie sich Ihrem Geisttier vorsichtig und zärtlich. Die ersten Reisen dienen dem Kennenlernen. Mit der Zeit wird Ihr Verhältnis zueinander immer vertrauensvoller und unverbrüchlicher werden.

Sie können Ihr Krafttier nun bitten, Ihnen die magische Welt zu zeigen. Wenn wichtige Entscheidungen in Ihrem Leben anstehen, können Sie Ihrem geistigen Helfer natürlich auch konkrete Fragen stellen. Schließlich ist es ihm ein Anliegen, Sie in all Ihren persönlichen Belangen zu unterstützen.

Sollten Sie Ihr spirituelles Tier bereits öfter in seiner Welt getroffen, hat sich Ihr Freundschaftsverhältnis natürlich schon gefestigt. Ihr magisches Tier wird von sich aus die Initiative ergreifen und Sie tiefer in die Geheimnisse der Geistwesen und der nichtalltäglichen Wirklichkeit einweihen.

Fürchten Sie sich niemals vor dem, was Ihr Krafttier mit Ihnen vorhat. Sie können ihm bedingungslos vertrauen. Mit ihm an Ihrer Seite sind Sie stets beschützt und behütet. Es wird Ihnen nichts zumuten, was Ihrer Seele oder Ihrem Körper Schaden zufügt.

Wenn die Zeit verstrichen ist, die Sie vor Antritt Ihrer Reise festgelegt haben, stoppt Ihr Trommelhelfer den monotonen Rhythmus und legt eine Pause von mehreren Sekunden ein. Anschließend trommelt er vier kraftvolle Sequenzen, die aus sieben Schlägen bestehen. Diese

Methode hat der Schamanismuspraktiker Michael Harner entwickelt. Es gibt aber auch Schamanenkulturen, die einen langsameren Rhythmus bevorzugen. Probieren Sie deshalb unterschiedliche Varianten aus.

Sobald Sie den veränderten Trommelschlag wahrgenommen haben, teilen Sie Ihrem Krafttier mit, dass Sie in die reale Welt zurückkehren möchten. Es wird Sie zum Tunnel begleiten, damit Sie den Flug nach oben antreten können. Sie brauchen sich nicht davor zu fürchten, dass Sie sich in der magischen Welt verirren könnten und den Tunnelausgang nicht wiederfinden. Ihr Krafttier bringt Sie im Nu dorthin zurück.

Bedanken Sie sich bei Ihrem Krafttier, bevor Sie sich von ihm verabschieden und ihm versprechen, es wieder zu besuchen. Gehen Sie durch den Tunnel nach oben. Wenn Sie an der Eingangspforte angelangt sind, prägen Sie sich diesen Ort wieder mit allen Sinnen ein. Öffnen Sie langsam die Augen und kehren Sie in die reale Welt zurück.

*Keine Reise in die magische Welt gleicht der anderen.
Aber Sie werden stets als ein reicherer und erfüllterer Mensch zurückkehren.*

Die Kraftquellen der Natur

Nachdem Sie nun Ihr Krafttier kennen gelernt haben, möchte ich Sie gern mit einigen anderen geistigen Kraftwesen der Natur bekannt machen. Es gibt unzählige von ihnen, aber es würde den Rahmen des Buches sprengen, sie alle aufzuzählen.

Bei Ihrem nächsten Ausflug in die freie Natur können Sie versuchen, sich auf die geistigen Energien von Plätzen, Pflanzen, Bäumen und Steinen zu konzentrieren, um Kontakt zu diesen beseelten Lebewesen aufzunehmen.

Stellen Sie sich vor, wie Sie einen Wald betreten, dessen weicher Boden von Farnen überzogen ist. Knorrige Wurzeln ranken sich über bemooste Felsen. Die schweren Äste der Fichten und Tannen hängen wie Schutzdächer über den Pilzen. Lassen Sie sich nun auf einem Stein nieder, schließen Sie die Augen. Versuchen Sie zu spüren, wie die Naturgeister, Kobolde, Feen und Elfen um Sie herum atmen.

Jeder Stein, jede Pflanze und jedes Tier
ist ein beseeltes Lebewesen.
Auch das Wasser in den Bächen und Seen
ist mit einem weisen Geist erfüllt.

Spüren Sie die Energien dieser beseelten Wesen auf Ihrer Haut? Wenn Sie sich für die spirituellen Kräfte der Natur sensibilisieren, werden Sie einen ungeahnten Reichtum für Ihr Leben erlangen. Hören Sie die flüsternden Stimmen und leisen Geräusche? Stellen Sie sich vor, wie der Wald zur Bühne von unzähligen Geistwesen wird, deren aufmerksamer Zuhörer Sie sind.

Bis jetzt konnten Sie die Geister nur hören. Aber Sie können nicht nur durch ihre Seelen mit Ihnen kommunizieren, sondern sich auch sichtbar machen. Diese sichtbare Energie definieren wir als Geistererscheinung.

Allerdings bedarf es einiger Übung, wobei ich Sie gerne anleiten möchte, um die Seele eines Ortes oder Baumes, einer Pflanze oder eines Steines Gestalt annehmen zu lassen.

Die visuelle Wahrnehmung von Geistwesen und ihrer spirituellen Kraft ist erlernbar.

Aber ähnlich wie bei der Begegnung mit Ihrem Krafttier müssen Sie sich hierzu in einen veränderten Bewusstseinszustand versetzen.

Es gibt Geistwesen, die wir durch unsere Imagination erschaffen. Wir erwecken dann durch die Vorstellungskraft unserer Gedanken geistige Bilder zum Leben. Bitte verstehen Sie mich jetzt nicht falsch: Die Wesen existieren wirklich, sie sind kein Produkt unserer Fantasie. Das möchte ich Ihnen im Folgenden genauer erklären.

Können Sie sich noch an das Bild der Pforte, den Eingang in die magische Welt, erinnern, das ich Ihnen bereits geschildert habe?

Sie haben diesen Ort mit seinen Gerüchen, Farben und Geräuschen als Bild in Ihrem Herzen gespeichert, um es abzurufen, wenn Sie das Bedürfnis verspüren, Ihr Krafttier zu besuchen.

Wenn Sie sich nun entspannen und dieses Bild an die Oberfläche holen, beginnt Ihre schamanische Reise mit einer Imagination. Die

Krafttiere und Geistwesen, die Ihnen in der magischen Welt begegnen, sind zum Teil erschaffene Wesen Ihrer Imagination, ohne Einbildung zu sein. Sie selbst, liebe Leserinnen und Leser, schlüpfen quasi in die Rolle eines Geburtshelfers. Durch die Kraft Ihrer Vorstellung geben Sie der beseelten Energie einen plastischen Körper, den Sie nun wahrnehmen können.

Im folgenden Abschnitt möchte ich Ihnen zeigen, wie Sie das Erlernte auch auf andere Bereiche der Natur anwenden können.

Kraftorte

Jeder von uns sehnt sich nach einem Ort, wo wir die Unendlichkeit und Kraft des Universums spüren können.

In der gesamten Menschheitsgeschichte und den verschiedensten spirituellen Kulturen spielen diese heiligen Orte eine herausragende Rolle.

Da wir unglücklicherweise nicht mehr in Einklang mit der Natur leben, ist uns die Fähigkeit, diese Plätze aufzuspüren, leider verloren gegangen. Aber keine Sorge! Mit ein wenig Geduld und Konzentration können wir unsere Sensibilität wieder schulen und auf Entdeckungsreise schicken, um uns mit den tieferen Energien der Erde zu verbinden. Es wäre schade, wenn wir an den Geschenken von Mutter Natur achtlos vorübergingen.

Kraftplätze sind Orte, an denen sich die Spirits offenbaren.
Hier sind die Energien der Geistwesen besonders kraftvoll.

Sie müssen sich das folgendermaßen vorstellen: Unser Planet Erde ist ein lebendiges Wesen, durch dessen Körper ebenso wie bei uns Menschen Energie pulsiert. Kraftorte sind bestimmte Punkte an der Erdoberfläche, die eine besonders hohe Energie ausstrahlen, vergleichbar mit den Chakren, den Energiezentren im menschlichen Körper.

Einen heiligen Ort kreieren

Wer das Bedürfnis verspürt, seinem Krafttier nicht nur im Herzen nahe zu sein, kann sich einen persönlichen Ort im Freien gestalten.

Dies verschafft Ihnen die wunderbare Gelegenheit, Ihr Krafttier darum zu bitten, Sie seinen spirituellen Geschwistern, der ganzen heiligen Familie der Natur, vorzustellen – den Felsen, Steinen, Pflanzen, Bäumen und Elementen.

Menschen vergangener Kulturen haben sich solche heiligen Orte geschaffen und dabei sichtbare Spuren und Zeichen hinterlassen: Wandmalereien, in Stein geritzte Symbole oder Botschaften, eigens dafür angelegte Hügel, Findlinge und Menhire, die an bestimmten Punkten aufgestellt wurden. Diese Plätze sind auch heute noch bekannt und werden von vielen Menschen zum Krafttanken aufgesucht.

Wenn Sie sich einen heiligen Ort auswählen, sollten Sie darauf achten, dass er ungestört ist, denn er ist der Ruhe, Meditation und persönlichen Begegnung mit Ihrem Krafttier vorbehalten.

Es gibt mehrere Möglichkeiten, um einen persönlichen Kraftort, einen sakralen Platz der Verbindung mit den Geistwesen, zu finden und zu gestalten.

Wenn Ihnen beispielsweise ein eigener Garten zur Verfügung steht, sind Ihrer Fantasie und Kreativität keine Grenzen gesetzt. Die Geistwesen stören sich nicht an liebevoll oder ausgefallen gestalteten Kraftplätzen. Wer stattdessen einen öffentlichen Park oder den Wald auswählt, muss sicherlich Einschränkungen und Kompromisse in Kauf nehmen.

Vielleicht kommen Ihnen bei der Lektüre jetzt Zweifel, ob Sie in der Lage sind, den für Sie geeigneten Ort überhaupt zu finden. In diesem Punkt kann ich Sie beruhigen.

Kraftplätze sind Zentren kosmischer Energie. Es sind Stätten mit einer mystischen Aura, die uns magisch anziehen. Daher sollte es für Sie nicht schwierig sein, einen solchen Ort zu finden, den wir nach unseren spirituellen Wünschen und Vorstellungen gestalten können. Wir müssen nur unsere ganzen Sinne und unser Herz offen halten.

Die folgende Liste mag Ihnen als Anregung dienen, um Sie bei Ihrer Suche zu unterstützen:

Wenn Sie nach einem geeigneten Platz Ausschau halten, sollten Sie immer darauf achten, dass sich das Gefühl einstellt, dort zu Hause zu sein. Falls dies nicht sofort geschieht, sollten Sie diesen Ort öfter besuchen. Vergessen Sie nicht, dass Ihr Krafttier Ihnen bei dieser Entscheidung tatkräftig und treu zur Seite steht. Fragen Sie es auf einer schamanischen Reise, ob dieser Platz für eine heilige Stätte geeignet ist.

Und noch ein Tipp: Konzentrieren Sie sich während Ihrer Suche auf die größte Kraftquelle Ihres Körpers – das Herz. Lauschen Sie seiner Stimme und folgen Sie seinen Anweisungen.

Nehmen Sie den Ort und die nähere Umgebung mit all Ihren Sinnen wahr. Prägen Sie sich die landschaftlichen Merkmale ein. Wie ist der Ort beschaffen? Welche Büsche, Bäume und Blumen wachsen dort? Welche Geräusche und Laute sind zu hören?

Schlüpfen Sie aus Ihren Schuhen. Gehen Sie den Ort barfuß ab und ertasten Sie mit Ihren nackten Fußsohlen, wie der Boden beschaffen ist. Spüren Sie die kleineren und größeren Unebenheiten, das weiche Moos, die spitzen Steinchen. Setzen Sie sich nun hin und beobachten Sie die Geschöpfe, die diesen Flecken Natur bevölkern. Spitzen Sie Ihre Ohren. Finden Sie heraus, aus welcher Himmelsrichtung der Wind zu Ihnen weht. Beobachten Sie das Spiel der Sonnenstrahlen, die durch die Blätter der Bäume dringen und tanzende Schatten am Boden malen.

Versuchen Sie, in den Felsen, Bäumen und Wurzeln Geistgesichter zu entdecken. Wenn Sie mögen, können Sie Zeichnungen von ihnen anfertigen. Es ist auch hilfreich, den Platz, an dem Sie sich befinden, zu zeichnen. Legen Sie Ihr kleines Kunstwerk abends unter Ihr Kopfkissen.

Manchmal erscheinen Ihnen die Geistgesichter oder der Platz im Traum und erzählen Ihnen Geschichten und Legenden über Ihren heiligen Ort.

Wenn Sie nach diesen Übungen und Annäherungen sicher sind, Ihren persönlichen Kraftort gefunden zu haben, verwandeln Sie ihn im Geiste in einen heiligen, einen sakralen Ort.

Sie sind der Architekt und nehmen die »spirituelle Grundsteinlegung« vor.

Stellen Sie sich Ihren Kraftplatz als Tempel vor, der von einer Kuppel aus Glas gekrönt ist. Schaffen Sie ein imaginäres Tor, durch das Sie den Platz betreten. Es ist wichtig, hier eine kluge Entscheidung zu treffen, denn wenn Sie willkürlich und planlos in Ihr Heiligtum eindringen, zerstören Sie die Energie des Ortes. Sie können den Eingang mit Steinen markieren oder durch andere Gegenstände sichtbar machen.

Kraftorte eignen sich hervorragend dafür,
Mutter Erde durch Rituale unseren Respekt zu erweisen.

Nachdem Sie Ihren sakralen Ort nun durch den richtigen Eingang betreten haben, können Sie folgendes Ritual durchführen:

Bestimmen Sie die Richtungen, aus denen die vier Winde kommen, denen bestimmte Eigenschaften und spirituelle Potenziale zugesprochen werden. Ehren Sie die Geistwesen aus dem Westen, Norden, Osten und Süden, indem Sie die Himmelsrichtungen zur besseren Orientierung markieren.

Dem *Westen* ist das Element Wasser geweiht. Schwarz ist ihm als Farbe zugeordnet. Im Westen sind die Donnerwesen und Pferdegeister zu Hause. Der schwarze Adler symbolisiert diese Himmelsrichtung. Wenn Sie dem Westen Ihren Respekt erweisen möchten, können Sie dies mit einer Muschel, Pferdehaaren, einem schwarzen Stein, einer Feder oder einem persönlichen Gegenstand in Schwarz tun, den Sie vergraben.

Der Westen erinnert Sie daran,
dass alle Dinge aus der Leere entstehen.
Er weckt in Ihnen die Kraft des Sehers.

Der *Norden* offenbart Ihnen das kostbare Geheimnis um Gesundheit und Heilung. Dort sind die Erd-Spirits und Büffelgeister zu Hause. Der weiße Seeadler ist der Bote der nördlichen Himmelsrichtung. Rot ist ihr als Farbe zugeordnet. Wenn Sie dem Norden Respekt erweisen wollen, können Sie dies durch ein Stück Fell, einen Gegenstand aus Horn oder durch etwas Rotes aus Ihrem persönlichen Besitz tun, und es dort vergraben.

Der Norden erinnert Sie daran, dass Sie stets nach dem Licht
und nicht nach der Dunkelheit streben sollten.
Er weckt in Ihnen die Kraft des Heilers.

Der *Osten* ist der Sitz der Sonne und des Morgensterns. Er verkörpert die Quelle, aus der sich Weisheit und Verstehen speisen. Die östliche Himmelsrichtung wird dem Element Luft zugeordnet, seine Farbe ist gelb und symbolisiert die Liebe. Im Osten leben die Elchgeister, sein Bote ist der Steinadler. Ehren Sie den Osten durch eine Sonne aus Glas oder Ton, einen gelben Stein oder eine Feder. Es bleibt Ihnen überlassen, ob Sie ein kleines Windspiel an einem Baumast anbringen.

Der Osten erinnert Sie daran, dass sich das Leben in jedem Moment neu erschafft. Er weckt in Ihnen die Kraft des Lehrers.

Der *Süden* ist die Quelle des Wissens und der Macht, sein Element das Feuer. Wenn Sie etwas über Ihr Leben und Ihr Schicksal wissen möchten, können Sie den Süden um Rat fragen. In dieser Himmelsrichtung sind die Kojotengeister zu Hause, der Bote ist der weiße Kranich. Weiß ist die Farbe des Südens. Wenn Sie dem Süden Respekt erweisen wollen, können Sie ein Räucherritual vornehmen, bei dem Sie Salbeibüschel verbrennen. Sie können auch eine Kerze anzünden oder einen weißen Gegenstand aufstellen.

Der Süden erinnert Sie daran, dass unsere Fähigkeit,
zu vertrauen, allein darüber entscheidet,
ob wir ein Leben in Angst oder Freiheit führen.
Er weckt in Ihnen die Kraft des Kriegers.

Einen Altar gestalten

Sie haben nun Ihre Opfergaben an die vier Elemente und Himmelsrichtungen vergraben oder sorgfältig und achtsam platziert, so dass sie für die Krafttiere sichtbar sind. Jetzt können Sie einen kleinen Altar einrichten, um weitere Rituale durchzuführen. Er sollte sich harmonisch in die natürlichen Gegebenheiten Ihres Kraftortes einfügen.

Dafür eignen sich Baumstümpfe, ein ausgehöhlter Stein oder abgeflachter Felsbrocken besonders gut. Sie können Ihren persönlichen

Altar natürlich auch aus Erde und Stein formen. Diese Entscheidung bleibt Ihnen überlassen.

Auf dem Altar sollte ein Gefäß stehen, in das Sie Nahrung für Ihre Geistwesen geben. Ihre magischen Helfer lieben Kuchen, Haferflocken oder Reis. Auf Fleisch oder Alkohol sollten Sie verzichten. Sie können auf Ihrem Altar auch Ihre persönlichen rituellen Werkzeuge wie Rassel, Trommel, Räucherschale oder Kerzen zurücklassen. Altäre sind Plätze, an denen sich Energie konzentriert – tanken Sie Ihre Hilfsmittel mit neuer Kraft auf.

An diesem heiligen Ort werden Sie die Nähe und liebevolle Gegenwart Ihrer Krafttiere besonders intensiv spüren, auch wenn Sie keine schamanische Reise unternehmen.

Erfreuen Sie Ihren Seelengefährten, indem Sie ihm etwas auf der Trommel oder Flöte vorspielen. Widmen Sie Ihrem Krafttier ein persönliches Lied, das Sie jedes Mal singen, wenn Sie einen Fuß über die Schwelle Ihres sakralen Raumes setzen.

Um Ihren heiligen Ort einzuweihen, können Sie eine Nacht von Sonnenuntergang bis Sonnenaufgang wachen. Verbinden Sie sich während dieser Stunden mit den Kräften und Energien des Ortes. Sie können natürlich auch mit Ihrem Krafttier tanzen, wie Sie es zu Beginn dieses Buches gelernt haben. Bitten Sie die anderen Geistwesen, Ihnen Gesellschaft zu leisten. Geben Sie Ihrem Kraftplatz einen Namen und taufen Sie ihn während einer Zeremonie, deren Regeln Sie selbst aufstellen. Beenden Sie diese Zeremonie im Licht des Sonnenaufgangs.

Verleihen Sie Ihrer Fantasie Flügel,
und feiern Sie die Feste mit Ihren spirituellen Freunden,
wie sie fallen.

Die heilende Kraft der Bäume

Ihr Kraftplatz ist aber nicht nur ein meditativer Ort der inneren Sammlung, an dem Sie die Gegenwart Ihres Krafttiers spüren können, sondern eignet sich ebenso hervorragend dafür, um sich mit der heilenden Energie der Pflanzenlebewesen zu verbinden, die Ihr körperliches Wohlbefinden zu steigern vermag.

Die Indianer behaupten, dass die Bäume zu ihnen sprechen. Machen Sie sich diese Auffassung zu Nutze und stärken Sie Ihre Atemenergie, den Windhauch Ihrer Seele.

Wann haben Sie das letzte Mal bewusst Ihren Atem gespürt? Als Ihnen beim Treppensteigen in den vierten Stock plötzlich die Puste ausging? Meistens werden wir uns der unsichtbaren und lautlosen Arbeit unseres Atems bewusst, wenn er uns Beschwerden bereitet.

Richtiges Atmen ist eine Quelle für Vitalität und Gesundheit. Es ist eine elementare Kunst im buchstäblichen Sinne, die wir erlernen sollten, um unsere Körperkraft stabil zu halten. Darüber hinaus ist unser Atem eine spirituelle Kraft, die uns mit dem Universum und Mutter Natur verbindet. Was hindert uns also noch daran, dieses wertvolle Werkzeug und Medium der Kommunikation länger zu vernachlässigen?

Durch unseren Atem kommunizieren wir mit den Spirits.
Die Luft ist von ihren Energien erfüllt,
wir atmen sie jede Sekunde unseres Lebens ein.

Auch aus naturwissenschaftlicher Sicht ist dies äußerst einleuchtend. Beim Ausatmen geben wir Kohlenmonoxyd ab, den die Pflanzen in Sauerstoff umwandeln. Mit dem Sauerstoff atmen wir die Pflanzenkräfte und -energien ein.

Im Naturwissen der Indianer wird der Baum-Medizin eine besonders heilende Wirkung zugesprochen, die uns hilft, wenn wir an Leib und Seele ausgepowert sind.

Vielleicht verspüren Sie ja jetzt Lust, sich mit den Energien der Bäume zu verbinden, um ihre segensreichen Wohltaten am eigenen Körper zu spüren. Im Folgenden möchte ich Ihnen erläutern, wie Sie diese für sich fruchtbar machen können.

Begeben Sie sich an Ihren Kraftort und wählen Sie einen Baum aus. Sie können sich natürlich auch an jeden anderen Platz in der Natur begeben, wo ein Baum Ihrer Wahl wächst. Es liegt ganz bei Ihnen, wofür Sie sich entscheiden.

Begrüßen Sie Ihren Wunschbaum, indem Sie sich sanft an seinen Stamm schmiegen. Ertasten Sie mit Ihren Fingern die Struktur seiner Rinde.

Setzen Sie sich dann in einem Abstand von ungefähr einem halben Meter vor ihn hin, am besten auf ein Kissen, damit Sie sich nicht erkälten.

Schließen Sie die Augen und lassen Sie den Baum vor Ihrem geistigen Auge erstehen.

Teilen Sie ihm den Grund Ihrer Anwesenheit mit. Bitten Sie ihn um seine Medizin.

Atmen Sie nun entspannt in den Bauch ein und wieder aus. Wenn Sie an konkreten Beschwerden leiden, konzentrieren Sie sich jetzt auf die entsprechende Körperregion. Falls Kummer und Sorgen Sie plagen, teilen Sie dies dem Baum mit. Ebenso wie er Ihr Kohlenmonoxyd aufnimmt und in Sauerstoff verwandelt, wird er Ihre negative Stimmung aufnehmen und in positive Lebensenergie verwandeln.

Stärken Sie die Selbstheilungskräfte Ihres Körpers und Ihre Lebensfreude, indem Sie durch Ihren Atem Kontakt zum Baum aufnehmen.

Die Medizin der Bäume

Der Apfelbaum

Bei den Kelten gehörte der Apfelbaum zu den sieben heiligen Bäumen. Er symbolisiert das Leben, Fruchtbarkeit, Liebe und Vollendung.

Seine Frucht, der Apfel, wirkt harntreibend, fiebersenkend und fördert die Verdauung.

Die Botschaft des Apfelbaums lautet: Lassen Sie sich nicht unterdrücken und schöpfen Sie neuen Lebensmut.

Die Birke

Die hoch gewachsene, schlanke und biegsame Birke fördert die Entwicklung Ihrer Intuition.

Der Saft der Birkenblätter aktiviert Ihre Blase und Nieren und reinigt das Blut.

Die Birke gilt als weiser Ratgeber in vielerlei Lebenslagen, sowie im Beruf, bei Geldproblemen oder Beziehungsschwierigkeiten.

Ihre Botschaft lautet: Grübeln Sie nicht so viel. Die Lösung ist ganz einfach, wenn Sie öfter auf Ihr Herz und Ihren Bauch hören.

Die Buche

Dieser Baum gilt als hervorragender Seelsorger. Die Medizin der Buche stärkt Ihre Konzentrationsfähigkeit und weckt Ihre Lebensgeister. Wenn der alltägliche Stress überhand nimmt, sollten Sie die Buche aufsuchen.

Die Buchenblätter können als Tee zubereitet werden, der Kopfschmerzen lindert.

Ihre Botschaft lautet: Zerbrechen Sie sich nicht den Kopf über die Probleme Ihrer Mitmenschen, sondern seien Sie sich selbst endlich mal der Nächste.

Die Eiche

Der heilige Baum der Kelten verleiht Lebensenergie und bringt Ihren Blutkreislauf in Schwung. Wer mit der Eiche atmet, stärkt Geist und Körper und fühlt sich wieder wie neugeboren. Es ist auch empfehlenswert, diesen mächtigen Baum nach einer längeren Krankheit aufzusuchen.

Der Sud aus Eichenrinde hilft gegen Schwellungen und Ekzeme.

Seine Botschaft lautet: Lernen Sie, Wichtiges von Unwichtigem zu unterscheiden.

Das Leben ist zu kostbar, um es mit Nichtigkeiten zu vergeuden.

Die Erle

Dieser geheimnisvolle Baum fördert die spirituellen Kräfte des Menschen. Wenn Sie mehr über sich erfahren wollen, atmen Sie mit der Erle. In alten Kulturen wurde er als Totenbaum angesehen. Wer sich mit der Erle verbindet, kann Kontakt zu seinen Ahnen aufnehmen und die jenseitige Welt hinter unserer sichtbaren erkennen.

Ihre Botschaft lautet: Trauen Sie nicht dem äußeren Schein. Überwinden Sie Ihre materialistische Weltsicht, und finden Sie den Weg in die göttliche Dimension des Seins.

Die Eberesche

Die Eberesche gilt traditionell als der Baum der Schamanen. Wer Sie aufsucht, kann rasch mit den Spirits in Kontakt kommen. Ihre Medizin stärkt Ihre Willenskraft und Ihr Selbstbewusstsein.

Die Samen der Eberesche als Tee zubereitet helfen bei Leber und Milzleiden, ein Tee aus Blättern bei Durchfall.

Ihre Botschaft lautet: Machen Sie sich in Ihrem Leben nicht allzu sehr von anderen Menschen abhängig. Befreien Sie sich aus den emotionalen Fallen, die Ihre Freiheit einschränken, und finden Sie zu Ihrer Mitte.

Der Holunder

Dieser Baum ist ein wahrer Gesundbrunnen und ersetzt so manche Apotheke. Als Heilpflanze hilft er bei den vielfältigsten Beschwerden. Die Beeren stärken das Immunsystem, sind harntreibend und entwässern den Körper. Holundertee ist eine hervorragende Medizin bei Grippeerkältungen.

Wenn Sie es sich zur Gewohnheit machen und jeden Morgen mit dem Holunder atmen, sind Sie für den ganzen Tag gerüstet.

Seine Botschaft lautet: Ihr Körper ist oft weiser als Ihr Verstand. Hören Sie deshalb auf ihn. Vertrauen Sie Mutter Natur, die klug und liebevoll für ihn sorgt.

Die Kastanie

Allein der Anblick des prächtigen blühenden Baumes versetzt unsere Seele in freudige Schwingungen. Die Medizin der Kastanie hilft, wenn seelischer Kummer und Selbstzweifel uns zu überwältigen drohen. Sie lindert unsere Sorgen, stärkt unser Selbstvertrauen und unseren inneren Frieden. Tee aus Kastanienblättern hat sich bei Husten bewährt und entwässert.

Ihre Botschaft lautet: Lösen Sie sich von Ihrer Angst und bringen Sie Ihr inneres Licht zum Leuchten. Wenn Sie Ihre Stärken nach außen tragen, wird Ihnen die Sympathie Ihrer Mitmenschen nur so zufliegen.

Der Kirschbaum

Ein blühender Kirschbaum führt uns anschaulich vor Augen, was Freude, Schönheit und die Jahreszeit des Frühlings bedeuten können. Dieser poetische Baum weckt die Sehnsucht nach Liebe und Zärtlichkeit. Wenn Sie sexuell unerfüllt sind, sollten Sie den Kirschbaum aufsuchen. Der Saft seiner Früchte hilft bei niedrigem Blutdruck.

Seine Botschaft lautet: Entdecken Sie die innere Frau oder den inneren Mann in sich. Leben Sie Ihre Leidenschaften aus. Die körperliche Liebe ist ein Geschenk der Natur, das Sie genießen dürfen.

Die Kiefer

Dieser weise und knorrige Baum gilt als ein vielseitiger Heiler. Die bescheidene und genügsame Kiefer kann uns helfen, wieder ins seelische Gleichgewicht zu kommen.

Das würzige Aroma der Kiefer beruhigt die Nerven, befreit die Atemwege und lenkt unsere Gedanken in überschaubare Bahnen.

Wenn Sie sich gestresst fühlen, sollten Sie die Kiefer aufsuchen und mit ihr atmen.

Ihre Botschaft lautet: Gehen Sie maßvoll mit allem um. Konzentrieren Sie sich aufs Wesentliche und Sie werden persönliche Stärke und Ruhe ausstrahlen.

Die Linde

Die Linde mit ihren zartgrünen Blättern hat zu allen Zeiten eine große Anziehungskraft auf Poeten und Romantiker gehabt. Dieser sensible Baum ist für alle Liebesangelegenheiten geeignet. Sie heilt seelischen Schmerz und Kummer und macht das Herz wieder empfindsam.

Lindenblütentee hilft bei Husten und Bronchitis, geriebene Lindenschale reinigt und desinfiziert.

Ihre Botschaft lautet: Wenn Sie Ihr Herz verhärten, schaden Sie sich selbst am meisten. Entdecken Sie die Liebe und lassen Sie diese freigiebig verströmen. Das Leben wird es Ihnen reichlich entlohnen.

Die Tanne

Dieser Baum symbolisiert Kraft und Stärke. Wenn Zukunftsverdrossenheit, Pessimismus und Ängste Sie plagen, sollten Sie die Tanne aufsuchen. Die optimistische Energie dieses Baumes ist ansteckend.

Salben aus Tannenharz helfen bei Entzündungen, Rheuma und Arthrose.

Ihre Botschaft lautet: Verbinden Sie sich mit dem ewigen, sich stets erneuernden Kreislauf des Lebens. Bringen Sie Licht in Ihre dunklen Gedanken und Sie werden die wechselvollen Stürme des Lebens unbeschadet überstehen.

Die Weide

Die Weide ist alles andere als ein trauriger und deprimierender Baum. Sie kann uns vielmehr zur Nachdenklichkeit, Konzentration und Bedachtsamkeit anleiten, um den Dingen auf den Grund zu gehen. Wenn melancholische Stimmungen in Ihnen überhand gewinnen, sollten Sie die Weide aufsuchen. Ihre Medizin vermag längst überfällige Entwicklungsprozesse in Gang zu setzen, die unserem Leben eine neue Richtung geben.

Tee aus Weidenrinde wirkt fiebersenkend.

Ihre Botschaft lautet: Der Weg ist das Ziel. Fassen Sie sich ein Herz und setzen Sie sich auch mit negativen und störenden Gefühlen auseinander, die Ihnen unangenehm sind. Nur wenn Sie die Schattenseiten Ihrer Seele annehmen, können Sie sich zu einer reifen Persönlichkeit entwickeln.

Dieses kleine Baum-ABC sollte Ihnen nur als Anregung dienen. Sie können natürlich mit jedem anderen Baum über Ihren Atem in Kontakt treten. Wichtig allein ist, dass Sie ihm mit Respekt begegnen und ihn um seine Medizin bitten. Die freundlichen Baumlebewesen werden Sie niemals im Stich lassen.

Die Energie der Pflanzen

Sie können sich auch mit der Kraft anderer Pflanzen verbinden, um einen vielfältigen Nutzen aus ihren segensreichen Potenzialen zu ziehen.

Aber auch hier sollten Sie folgenden Grundsatz beherzigen: Begegnen Sie den Wesen mit Respekt.

Pflanzen sind Seelenbegleiter, deren energetische Schwingungen sich positiv, aber auch negativ auf unsere Gesundheit auswirken können. Die Medizinmänner der Naturvölker wissen, welche Pflanzen gekocht, welche als Tee zubereitet oder verbrannt werden können, damit sich ihre heilenden Kräfte entfalten.

Salbei beispielsweise ist eine kraftvolle Pflanze, die man als Tee zu sich nehmen kann. Sie kann aber auch verbrannt werden, wenn wir seine reinigenden und beruhigenden Eigenschaften benötigen.

Folgende Übung mag Ihnen helfen, mit Ihrem Pflanzengeist in Kontakt zu treten, um von seinen heilenden Eigenschaften zu profitieren. Hierzu müssen Sie keine aufwändigen Vorbereitungen treffen. Sie können die Übung auch auf Ihrem Balkon oder vor einem Blumenkasten durchführen.

- Wählen Sie eine Pflanze in Ihrem Haus, Garten oder an einem anderen beliebigen Platz aus. Wichtig hierbei ist, dass sie Ihre Aufmerksamkeit spontan auf sich zieht.
- Betrachten Sie diese Pflanze sehr aufmerksam. Prägen Sie sich jedes Detail wie Farbe, Blüte, Blätter, Form und Geruch ein.
- Schließen Sie nun die Augen. Versuchen Sie, die Pflanze vor Ihrem

geistigen Auge erstehen zu lassen. Empfinden Sie die Pflanze tief in Ihrem Inneren.

- Sobald Sie spüren, dass ein geistiger Kontakt zustande gekommen ist, bitten Sie die Pflanze um eine Botschaft. Sammeln Sie Ihre Konzentration, öffnen Sie Ihr Herz und Ihre Sinne.
- Fragen Sie die Pflanze nach Lösungen für gesundheitliche oder durchaus auch berufliche Probleme.
- Wenn Sie die Botschaft vernommen haben, danken Sie der Pflanze. Öffnen Sie jetzt die Augen.

Diese Übung können Sie so oft wiederholen, wie Ihnen danach ist.

Der kleine schamanische Werkzeugkasten

Für unsere Übungen benötigen wir in vielen Fällen rituelle Gegenstände, um uns mit unseren Krafttieren zu verbinden. Ich möchte Ihnen hier in Kürze die wichtigsten vorstellen. Keine Sorge, Sie müssen sich nichts Exotisches oder Ausgefallenes anschaffen, um die beschriebenen Übungen erfolgreich durchführen zu können.

Mit Hilfe dieser Kraftobjekte oder Kraftwerkzeuge können wir uns bewusst mit unseren geistigen Helferwesen und den vier Elementen verbinden.

Die Trommel

Die Trommel ist eine der wichtigsten Gegenstände für unsere Reisen in die magische Welt. Sie hält den Herzschlag und versetzt Sie in einen tranceähnlichen Zustand, der Ihnen die Wahrnehmung der spirituellen Welt ermöglicht.

Ich kann Ihnen an dieser Stelle keine besonderen Empfehlungen für eine bestimmte Trommel geben, jede erfüllt mehr oder weniger ihren Zweck. Wenn Sie eine Trommel kaufen, sollten Sie erst mehrere ausprobieren, bevor Sie sich entscheiden. Machen Sie Ihre Wahl zu einem persönlichen Ritual. Der Klang der Trommel sollte allerdings voll und tief sein, ihr Durchmesser kann etwa vierzig, ihre Höhe etwa zwanzig Zentimeter betragen. Sie sind handlich und leichter zu transportieren als größere Instrumente. Der Nachteil einer mit Naturfell bespannten Trommel besteht darin, dass sie bei Kälte ihre Spannung verliert.

Trommeln mit Kunststoffbespannung haben den Vorteil, gegen Kälte und Feuchtigkeit fast unempfindlich zu sein.

Suchen Sie das nächste Musikgeschäft auf und schauen Sie, ob Sie etwas Passendes für sich finden.

CDs oder Kassetten

Wenn Ihnen kein Trommelhelfer während der Reisen zu Ihrem Krafttier zur Verfügung steht, haben sich Kassetten oder CDs bestens bewährt. Man kann Sie problemlos im Liegen über Köpfhörer abhören. Wenn Sie in der freien Natur reisen wollen, können Sie einen Disc- oder Walkman mitnehmen.

Erkundigen Sie sich in einer esoterischen Fachbuchhandlung nach den CDs des renommierten Schamanenforschers und Trommelexperten Michael Harner.

Rasseln

Indianerrasseln bestehen häufig aus einem getrockneten Kürbis, in den Samen oder kleine Steine gefüllt werden. Unser Krafttier wie auch die anderen Geisterwesen lieben den archaischen Klang der Rassel und werden ihm folgen, wenn wir uns mit ihnen verbinden wollen.

Die handliche Rassel mit ihrem einprägsamen Rhythmus eignet sich hervorragend bei den Tänzen mit Ihrem Krafttier.

Sie können auch Maracas (Rumbakugeln) zum Rasseln verwenden, die in Musikgeschäften erhältlich sind und einen schönen Klang besitzen.

Rasseln sind empfindliche Musikinstrumente, die leicht zerbrechen können. Sie sollten bei Ihrer Arbeit achtsam mit ihnen umgehen.

Kristalle

Kristalle leisten bei der persönlichen Energiearbeit besonders gute Dienste. Sie können unsere Kraft steigern, erhöhen unser Visualisierungsvermögen, sorgen für klare Einsicht und leiten Energie weiter. Sie können aber auch andere Mineralien oder andere Steine verwenden, die über heilende Kräfte verfügen. Konzentrieren Sie sich bei Ihrer Wahl auf den Stein, der eine große Anziehungskraft auf Sie ausübt.

Es würde den Rahmen des Buches sprengen, alle Heilsteine mit ihren Wirkungen aufzuzählen, deshalb möchte ich Ihnen an dieser Stelle nur einige vorstellen.

Der Bergkristall, der zur Gruppe der Quarze gehört, ist farblos und durchsichtig. Er wird vor allem wegen seiner Fähigkeit geschätzt, harmonisierend auf die Seele einzuwirken. Er stärkt die Selbstheilungskräfte, fördert spirituelles Wachstum und ist hervorragend als Meditationsstein geeignet. Er wurde in Form einer geschliffenen Kugel zum Wahrsagen benutzt.

Dem *Bernstein* wird die besondere Fähigkeit nachgesagt, negative, krankmachende Energien aus dem Körper zu ziehen. Er reinigt und stärkt die Abwehrkräfte. Bernsteine wirken vor allem auf das Sonnengeflecht. Wenn Sie den Stein auf diese Körperregion legen, vermag er das nervliche Gleichgewicht wiederherzustellen.

Der *Hämatit* hat eine metallisch schwarze Farbe mit silbrigem Glanz und besteht aus kristallisiertem Eisenoxyd. Man nennt ihn auch Blutstein, da er während des Schleifens das Schleifwasser rot färbt. Er gibt Kraft bei starken Belastungen und entspannt. Er eignet sich hervorragend zur Rekonvaleszenz nach schweren Krankheiten.

Der *Lapislazuli*, der in allen Blauschattierungen vorkommt, wurde von den Ägyptern *Stein des Himmels* genannt. Wenn Sie sich mit ihm beschäftigen, können Sie Ihren Gemeinschaftssinn stärken, Ihre geistige Klarheit steigern und Ihre seelische und emotionale Reife fördern. Er hilft Ihnen auch bei Niedergeschlagenheit und Schlaflosigkeit.

Der *Mondstein* erinnert durch seine Farbe und seinen Schimmer an das Nachtgestirn, dem er seinen Namen verdankt. Er fördert die Selbsterkenntnis und gleicht Emotionen aus. Er wirkt sich positiv bei Angst, Stress und Unruhe aus.

Der Mondstein spricht das weibliche Element in uns an. Man sagt ihm nach, dass er die Menstruation und andere körperliche Zyklen ausbalancieren kann.

Räucherwerk

Um Ihre Zeremonien und Rituale erfolgreich durchzuführen, ist es notwendig, Ihre Umgebung von negativen Energien zu befreien. Hierfür eignen sich Salbei und Zeder besonders gut. Diese Heilkräuter sind in Apotheken erhältlich.

Am besten ist es, wenn Sie ein Stückchen Holzkohle in eine Keramikschale legen und mit Salbei oder Zeder zudecken. Achten Sie darauf, dass Sie keinen Brand verursachen.

Kraftbündel oder Medizinbeutel

Schamanen und Medizinmänner tragen kleine Beutel mit sich, in denen sich ihre heiligen Werkzeuge befinden, um jederzeit von der Kraft der vier Elemente Feuer, Wasser, Luft und Erde umgeben zu sein.

Auf den ersten Blick können das völlig unscheinbare Gegenstände sein, die aber über eine machtvolle spirituelle Energie verfügen, weil sie mit den Geistwesen in Verbindung stehen.

Um sich Ihr persönliches Kraftbündel oder Ihren Medizinbeutel zusammenzustellen, können Sie natürlich vorher Ihr Krafttier fragen, was Sie sammeln sollen. Meistens jedoch werden folgende Gegenstände verwendet.

Feuer: Viele natürliche Gegenstände enthalten die Kraft des Feuers. Dies kann ein Kristall sein, der die Sonnenstrahlen einfängt. Es können auch angebrannte Holzstückchen sein, die mit der Kraft des Feuers in Berührung gekommen sind.

Sie können aber auch Kerzenwachs mit sich tragen, das die transformierende Kraft der Flamme symbolisiert.

Wasser: Hierfür eignen sich hervorragend Muscheln oder Steine, die im Wasser gelegen haben. Sie können aber auch Wasser aus einer Heilquelle oder dem Meer in eine kleine Flasche abfüllen, die Sie stets bei sich tragen.

Luft: Eine Feder kann das Element Luft symbolisieren. Räucherwerk oder Kräuter, die verbrannt werden können, sind dem Geist der Luft verwandt. Sie können Aromen der abgebrannten Kräuter mit der Feder im Raum verteilen. Machen Sie daraus ein Ritual, bei dem Sie sich mit den Vogelgeistern verbinden.

Erde. Dieses Element bietet vielerlei Möglichkeiten, es problemlos bei sich zu tragen. Das können Steine, Holzstücke, Blätter, kleine Zweige, Erde oder Gegenstände aus Ton sein.

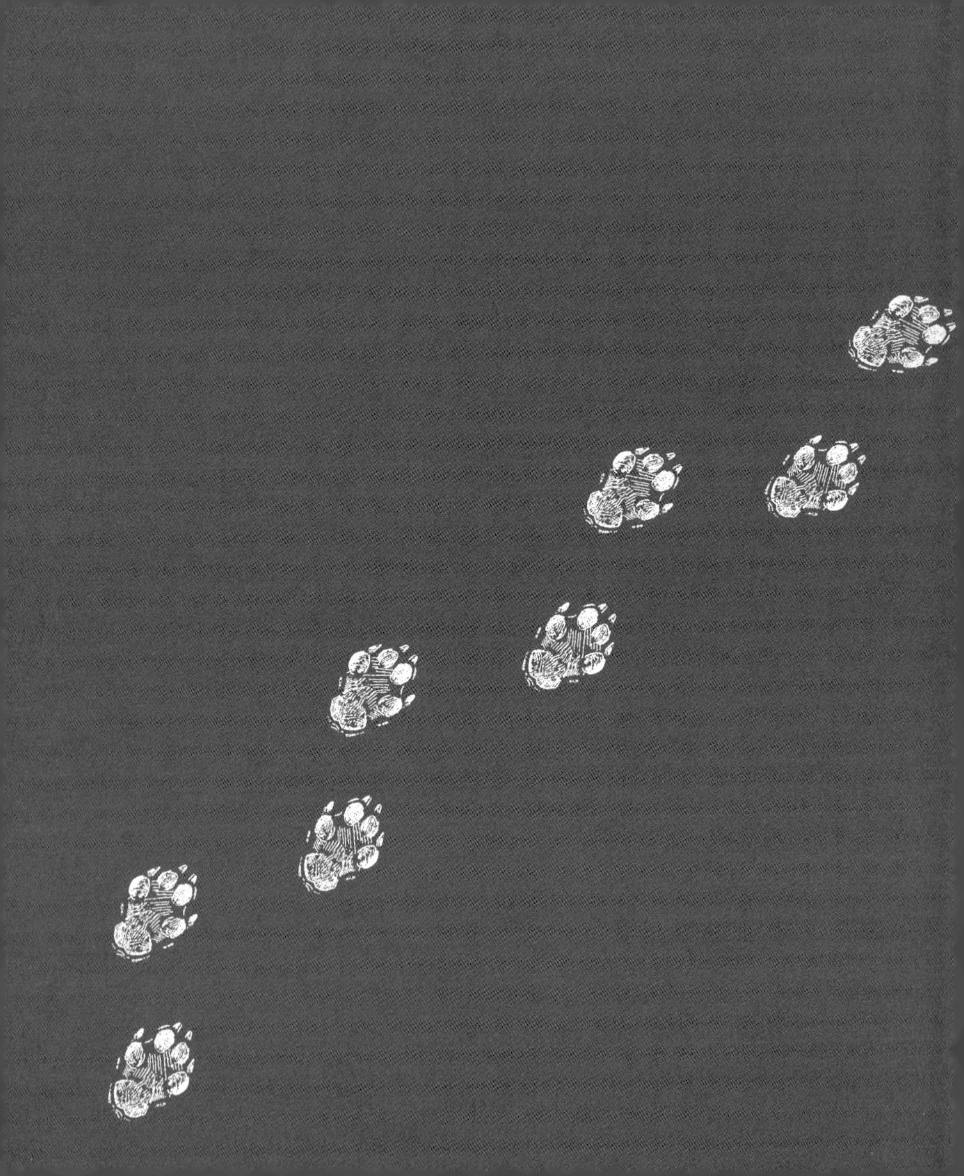

Die Krafttiere auf einen Blick

Krafttier	**Eigenschaften**	**Affirmation**
Adler	Größe, Inspiration, Klarheit	Ich vertraue der Kraft des Neuanfangs.
Ameise	Gemeinschaftssinn, Ausdauer, Effizienz	Ich schaffe es, meine Ziele zu erreichen.
Bär	Umsicht, Stärke, Fairness	Das Leben bietet viele Geschenke, die ich mit anderen teile.
Biber	Fleiß, Zuversicht, Geschick	Ich habe die Kraft, schwierige Situationen zu meistern.
Büffel	Großzügigkeit, Selbstlosigkeit, Spiritualität	Ich bin ein wertvoller Mensch, der andere bereichern kann.
Elch	Zuversicht, Beweglichkeit, Verantwortung	Ich vollbringe Gutes im Leben.
Elefant	Weisheit, Hilfsbereitschaft, Güte	Ich bin von Frieden und Harmonie erfüllt und spüre die Liebe meiner Umgebung.

Krafttier	Eigenschaften	Affirmation
Eule	Wissen, Aufnahmefähigkeit, Weitblick	Die Antworten auf die Fragen des Lebens sind tief in meiner Seele verborgen.
Falke	Mut, Konzentrationsfähigkeit, Entscheidungsfreude	Ich bin zuversichtlich, die richtigen Entscheidungen zu treffen.
Fuchs	Diplomatie, Klugheit, Treue	Meine Intuition sagt mir, was richtig und was falsch für mich ist.
Gans	Schönheit, Einfühlungsvermögen, Vision	Ich vertraue der großen Schöpfung, die meine inneren Potenziale nährt.
Habicht	Instinkt, Optimismus, Aufmerksamkeit	Ich werde jedes Problem bewältigen, das sich mir in den Weg stellt.
Hase	Überlebenswillen, Gelassenheit, Souveränität	Ich genieße das Leben und lasse mich nicht von Gefahren einschüchtern.

Krafttier	Eigenschaften	Affirmation
Hirsch	Sensibilität, Kreativität, Anpassungsfähigkeit	Ich gehe mit meinen Kräften achtsam um, so dass ich meine Ziele nicht aus dem Auge verliere.
Kojote	Humor, Vertrauen, Vitalität	Ich habe die Angst hinter mir gelassen und Ja zur Freiheit gesagt.
Maus	Zufriedenheit, Ökonomie, Wahrnehmungsstärke	Ich bin glücklich über die Gaben, die das Leben mir schenkt.
Otter	Intuition, Menschfreundlichkeit, Fürsorge	Mein Leben ist von Liebe, Frieden und Schönheit erfüllt.
Pferd	Kraft, Autorität, Initiative	Ich bin in der Lage, Schöpferisches zu vollbringen.
Puma	Grazie, Schnelligkeit, Selbstbewusstsein	Mein Selbstvertrauen verleiht mir ungeahnte Kräfte.

Krafttier	Eigenschaften	Affirmation
Rabe	Wachsamkeit, Kooperationsbereitschaft, Heilung	Für mich beginnt ein neuer Anfang, denn ich kenne die verborgenen Seiten meiner Seele.
Reh	Vertrauen, Hingabe, Durchsetzungsvermögen	Ich bin ein starker Mensch, denn ich habe meine Schwächen akzeptiert.
Schildkröte	Weisheit, Geduld, Widerstandskraft	Ich bin unverwundbar und kann meine Gefühle offen zeigen.
Schlange	Lebenskraft, Reife, Sensibilität	Ich spüre die Vollkommenheit des Lebens.
Schmetterling	Wachstum, Erneuerung, Freude	Ich bin dankbar für Veränderungen, denn sie bieten Chancen.
Schwan	Mitgefühl, Vertrauen, emotionale Kraft	Meine Seele ist in Einklang mit meinem Körper.

Krafttier	Eigenschaften	Affirmation
Specht	Lebensmut, Kommunikation, Beziehungsfähigkeit	Ich sorge mich nicht um die Zukunft und lebe im Hier und Jetzt.
Wal	Weisheit, Erfahrung, Autonomie	Ich allein weiß, was mir gut tut.
Wolf	Entschlossenheit, innere Freiheit, Treue	Ich kenne meine Grenzen und weiß, wie ich sie nutzen kann.

Literaturempfehlungen

Buzzi, Gerhard: Das Medizinrad der Lakota. München 2004.

Ders.: Krafttiere. Wie sie stärken, schützen, heilen. München 2001.

Cowan, Tom: Schamanismus. Eine Einführung in die tägliche Praxis. Reinbek bei Hamburg, 2000.

Harner, Michael: Der Weg des Schamanen. Berlin 2004.

Ingerman, Sandra: Auf der Suche nach der verlorenen Seele. München 1999.

Dies.: Die schamanische Reise. München 2004.

Stecher, Christine (Hrsg.): Die Weisheit der Schamanen. Ein Lesebuch. Stuttgart 2003.

Uccusic, Paul: Der Schamane in uns. München 2001.

Zumstein, Carlo: Reise hinter die Finsternis. München 1999.

Ders.: Schamanismus. München 2001.

Ders.: Der schamanische Weg des Träumens. München 2003.

Adressen

In Deutschland

Schwitzhütten-Zeremonien, Visionssuche nach Lakota-Tradition

Anmeldung zu Seminaren mit Archie Fire, Lame Deer

Joachim Irmer

Seminarhaus Dübbekold

29473 Göhrde

In Österreich

Schamanische Reisen, schamanische Heilmethoden, Schamanismus und Naturgeister, Tod und Sterben in schamanischer Sicht

Foundation for Shamanic Studies Österreich

Paul Uccusic

Krottenbachstraße 99/10

1190 Wien

Internet: www.fss.at

In der Schweiz

Ringtrommeln für schamanische Praktiken und Zeremonien

Rolf Bachmann

Trommelbau

Reismühlstraße 11/88

8409 Winterthur

Internet: www.schamanentrommeln.ch

In South Dakota

Lakota-Sprachschule

Kontakte zu Medizinmännern und -frauen

Coyote Blues Village Bed and Breakfast

Ch. + H. P. Streich

P.O. Box 966

Hill City, SD 57745

Tel. 001-605-574-4477